Hermine Müller
6094 Axams

Hohenauer / Köhl / Oberwalder
Senioren auf Überholspur

Silvia Hohenauer / Konrad Köhl
Louis Oberwalder

Senioren auf Überholspur

Neuigkeiten, Tips
und Anregungen
für geglücktes Altern

Mit Illustrationen von
Peppi Tischler

Tyrolia-Verlag • Innsbruck-Wien

Bildnachweis:

Seite 43: Sven Simon, Bonn
Seite 96: Erika Helwig
Seite 128: Franz Hubmann

Mitglied der Verlagsgruppe „engagement"

Die Deutsche Bibliothek – CIP-Einheitsaufnahme:

Hohenauer, Silvia:
Senioren auf Überholspur : Neuigkeiten, Tips und Anregungen für geglücktes Altern / Silvia Hohenauer ; Konrad Köhl ; Louis Oberwalder. Mit Ill. von Peppi Tischler. – Innsbruck ; Wien : Tyrolia-Verl., 1996
NE: Köhl Konrad:; Oberwalder, Louis:; Tischler, Peppi [Ill.]
ISBN 3-7022-1983-8

1996
Alle Rechte bei der Verlagsanstalt Tyrolia, Innsbruck
Umschlagbild und Illustrationen: Peppi Tischler
Umschlaggestaltung: Michael Pfeifer und Mag. Elke Staller
Satz: Thomas Böhm
Druck und Bindung: Ueberreuter, Korneuburg

Inhaltsverzeichnis

ALTER HAT ZUKUNFT (Louis Oberwalder) 9
  Die Wissenschaft als Vorreiter 9
  Die Gesellschaft hinkt nach 10
    Wir werden alt und noch älter 14
    Wer soll das bezahlen 14
  Noch in einem Teufelskreis gefangen 16
    Es rechnet sich nicht 16
    Das überlieferte Altenbild 18
    Die Wissensspeicher und Brückenbauer 19
    Er war ein kleiner Sippenfürst 20
    Das schiefhängende Selbstbild 21
    Die jugendvernarrte Gesellschaft 25
    Eine tragische Generation 26
    Sie erzählen ihr Leben 28
  Die Wiederentdeckung des Alters 30
    Eine Korrektur ist überfällig 30
    Wir sind schon jung gewesen 31
    Eine Chance ohnegleichen 32

  „Alter hat Zukunft" –
  Im Gespräch mit der Künstlerin May Hofer 34

    Altengruppen – Altentypen 37
  Reich an Wissen und Erfahrung 40
    Das Wissen hat Füße 40
    Der Berger Gottl, eine Legende von Lebenswissen 42
  „Ein betagter großer Denker" –
  Im Gespräch mit Prof. Karl Friedrich von Weizsäcker ... 43
    Schatz und Last der Erinnerung 44
    Muttertag – damals und heute 46
    Ein fälliges Gespräch und eine neue Solidarität
    zwischen den Generationen 47
    Vergangenheitsbewältigung 50
    Alle Feuer brennen nach und nach aus 51
    „... sei freundlich mit dir selbst" 54

IM LEBEN ALTERN (Walter Geir/Christine Baumgartner) 56
Wir altern individuell 56
Begrenzungen akzeptieren 59
Dem Körper zuliebe 59
   Training statt Schonung 59
   ... und wandern ohne Sorgen.................. 59
   Die Angst vor den morschen Knochen 62
   Und essen, was mir gut bekommt 62
   Wenn der Schlaf nicht kommen will.................. 64
   Auch die Technik leistet gute Dienste 64
Vom positiven Umgang mit Störungen im Alter.................. 66
   Die Altersdepression – Möglichkeiten der Heilung
   und der Linderung.................. 66
   „Ich weiß nicht mehr, was mit mir los ist" 68
   Schon mein Großvater litt unter Depressionen 69
   ... sie stören das reibungslose Zusammenspiel................. 69
   Wechseljahre sind besondere Krisenzeiten.................. 69
   Die Großfamilie – die Kleinfamilie 70
   Lebensereignisse 70
   „Manchmal ist es zum Davonlaufen!" 72
   Das Leben hat einen Sinn 72
   Stimmungsschwankungen in älteren Tagen.................. 73
   Wenn die Eßlust mich überfällt 74
   Die Lebensfreude wiedergewinnen.................. 76
Sexualität und Partnerschaft im Alter.................. 77
In einem neuen Selbstbewußtsein.................. 79

IM ALTER KOMPETENT BLEIBEN (Silvia Hohenauer)............. 85
Kompetenz großgeschrieben.................. 85
   Umdenken ist angebracht.................. 85
   „Es ist der Geist, der sich den Körper baut" 86
   Wo ist die Lesebrille? 86
   Positive Aspekte.................. 88
   Gehirnjogging 89
   Leitungen, die man nicht mehr benützt, rosten.................. 89
   Gemeinsam geht es noch besser.................. 91
   Spitzenleistungen 92
„Werde, was du bist"
Im Gespräch mit der Schriftstellerin Auguste Lechner..... 95

Wohnen im Alter.. 97
Lösbare Probleme?.. 97
Wie wäre es also mit Wohnungswechsel oder -tausch?.... 98
Überlegt übersiedeln 99
Wohin mit den ganzen Sachen?... 99
Alternativen für Aufgeschlossene 101
Eine neue Idee 102
Wohnheime 102
Auf Einstellung und Einsatz kommt es an!....................... 103
Nicht am Rand des gesellschaftlichen Geschehens 104
Sie sehen großartig aus, gnädige Frau!............................ 105
Über Schönheit läßt sich streiten 106
Ich bin von Kopf bis Fuß 110
Gefallen Sie sich eigentlich?... 111
Aber bitte mit Löckchen! 112
Modefrühling für Senioren.. 114
Nur Äußerlichkeiten?.. 115
Träume, Ängste, Wünsche 117
Lebensträume 118
„Die Ängste meines Herzens haben sich gemehrt"........... 118
Ängste verändern den Menschen 119
Im Gespräch die Ängste teilen 121
Stilles Nebeneinander 122
Geborgenheit ist ein Geschenk 125
Wünsch dir was! 125
Kompetent in der Gesellschaft 126
Kein Ruhestand im Ruhestand 127

„Künstler gehen nicht in Pension"
Im Gespräch mit dem Maler Professor Max Weiler 128

Aller Anfang ist schwer 130
Aus dem Tagebuch eines „Pension-Anfängers" 130
Von der Not des Rollentausches 132

„Noch voll im Leben"
Im Gespräch mit dem Südtiroler
Alt-Landeshauptmann Dr. Silvius Magnago 134

Fange nie an aufzuhören, und höre nie auf anzufangen.. 136
Endlich lernen, was Spaß macht 137

Großeltern haben meistens Saison 138
Murmeln contra Gameboy 140
Ein unschätzbares Kapital 141
„Sich Visionen erhalten"
Im Gespräch mit dem ORF-Journalisten
Hans Benedikt 142

ERFÜLLTES LEBEN (Konrad Köhl) 144
  Kummer und Leid 144
    Fragen ohne Antwort 145
    Ich bin dankbar, daß es so gekommen ist 146
  Erfahrungen mit Begrenzungen 147
    Der Relativierungskünstler 147
    Eine Arznei gegen Vereinsamung und Traurigkeit 149
    Das „Lassen" hat mich nicht mehr losgelassen 150
  „Gevatter Tod" – Erfüllung unseres Lebens 151
    Sein letzter Kirchgang 152
    Lachen tät i 154
    Wißbegierig griffen sie nach dem Jenseits 155
    „Überm Sternenzelt muß ein guter Vater wohnen" 156
    Fegefeuerwünsche 158
    Hölle ist der Mensch sich selbst 160
  Auf der Suche nach der Wahrheit 161

HUMOR ALLE TAGE (Konrad Köhl) 163
  Humor ist eine Weltanschauung 164
  „Humor hat, wer trotzdem lacht" 164
  Opa kann auf mich zählen 166
  Unbeschwerte Fröhlichkeit, wer hätte sie nicht gerne? 167
  „Weil ich immer so gerne gelacht habe" 169
  „Lachen ist die beste Medizin" 170
  Schadensbegrenzung durch Humor 170
  „... daß Du Dich auf Glück auch verstehst!" 173

AUTORINNEN UND AUTOREN 175

ALTER HAT ZUKUNFT

Die Wissenschaft als Vorreiter

„Es genügt nicht, unserem Leben mehr Jahre zu geben. Wir müssen den Jahren mehr Leben geben." Mit diesem Zitat von Kardinal Joseph Höffner, dem ehemaligen Kölner Erzbischof, leitete der Festredner bei der Eröffnung des Österreichischen Institutes für biomedizinische Altersforschung in Innsbruck seinen Vortrag ein. Nachdem er die Forschungsaufgaben der neuen Institution skizziert hatte, entwickelte er seine Vision von der Zukunft des Alterns: Die Lebenserwartung des Menschen wird weiter ansteigen. In der Forschung tätige Biologen nehmen an, daß der Mensch im Zuge der Evolution dereinst 100 bis 130 Jahre leben kann. Dies in einem gesunden körperlichen und geistigen Zustand. Krankheiten werden beherrschbar sein.

Alle Wissenschaften haben sich dieser die Gesellschaft verändernden Entwicklung zu stellen. Dabei ist eine enge Zusammenarbeit aller Disziplinen notwendig. Die Natur-, die Human- und auch die Sozialwissenschaften müssen in fächerübergreifender Forschung und Lehre das Altern des Menschen zu einem vordringlichen Thema machen.

Die vernetzte Wissenschaft – das heißt, die verschiedenen Wissenschaften arbeiten zusammen, sie stimmen ihre Vorhaben ab, vergleichen Ergebnisse und setzen gemeinsame Tätigkeitsschwerpunkte – wird auch zu einem vernetzten Denken in der Gesellschaft führen. Derzeit sehen die Fachleute zu sehr nur ihr eigenes, begrenztes Fachgebiet. Die erfolgte Zusammenschau wird eine neue Sicht des Alters als eigene, vollwertige Lebensform erzielen: Das negative Bild des alten Menschen wird überwunden, mit der Wiederentdeckung des gelungenen Alterns wird es zu einer neuen Kultur des Alters kommen.

Dem Festakt folgte ein Empfang. Bei einem Glas Wein und Brötchen diskutierte die illustre Gesellschaft von Professoren, Künstlern und Politikern die Aussagen und Forderungen des Wissenschaftlers. Beim Verabschieden hörte ich einen Herren lachend zu seiner Begleiterin sagen: „Beim hundertsten Geburtstag sehen wir uns wieder!" Dabei war es dem Festredner nicht nur um hohes Alter gegangen. Wichtiger war sein engagierter Aufruf, unser zunehmendes Alter auch mit zunehmendem Leben zu füllen. Dies betreffe sowohl die Gesellschaft als auch die älteren Menschen selbst, die ihr Leben engagiert und kreativ gestalten müßten.

„Das mit der neuen Kultur des Alterns werden wir nicht mehr erleben", sagte zu mir im Weggehen ein Bekannter. Und er wird wohl recht behalten. Derzeit werden in unserem gesellschaftlichen Umfeld noch andere Einstellungen praktiziert. Dennoch, der Tag stimmte mich fröhlich. Ich entsann mich meines Geschichtslehrers, der immer wieder nachwies: Neue Ideen und geistige Bewegungen gehen von Eliten, zunächst von wenigen Menschen aus. Sie sind dann wie ein Steinwurf in stilles Wasser. Bis die aufgeworfenen Wellen an die Ufer kommen, dauert es eine Weile. Aber sie kommen an ...   *lo*

Die Gesellschaft hinkt nach

Vergleiche hinken, und wir gebrauchen sie doch. Die Studentenrevolte der Sechzigerjahre ist schon Legende geworden. Mit dem Aufbrechen vieler Tabus, der Emanzipation der Frau und eines neuen Selbstverständnisses der Jugend hat sich das Bewußtsein der Bevölkerung bis in das entlegenste Bergtal verändert. Wird es eines Aufstandes der Alten bedürfen, um ihnen gegenüber neue Wertschätzung zu erwirken?

Derzeit kennzeichnen zwei gegensätzliche Phänomene unsere Industriegesellschaft:

- Der Altersaufbau unserer Bevölkerung verschiebt sich immer noch zu den Älteren hin. Die Gruppe der Senioren wächst wesentlich rascher als die Gruppe der Berufstätigen.
- Gleichzeitig verliert der alte Mensch seine Nützlichkeit im Arbeitsprozeß und somit seine gesellschaftliche Bedeutung.

Dafür gibt es mehrere Gründe. Hauptsächlich sind es wirtschaftliche und soziale Entwicklungen.
- In der Wirtschaft, in der Verwaltung und in der Politik verlangen Technisierung, Automation und Management besondere Qualifikationen und Arbeitsleistungen.

„Mein Mann ist Frühpensionist, 58 Jahre alt, gut beisammen. Die Umstellung des Betriebes, so sagt er, EDV, Automation, und wie das alles heißt, haben ihm die Freisetzung gebracht. ‚Freisetzung‘, ein blödes Wort, den Posten hat's gekostet, nach 27 Jahren Betriebstreue. Das Geld ist es nicht, was ihn dabei unglücklich macht. ‚Mich braucht niemand mehr, ich bin der reine Niemand‘, jammert er. Die Umstellung ist zu rasch gekommen, wir waren nicht vorbereitet." (Martina, 56 Jahre)
- Zwei Weltkriege und politische Veränderungen haben die ältere Generation zum Großteil um ihr Vermögen und in der Folge um Einfluß und Ansehen gebracht. So sind die finanziell weniger abgesicherten alten Menschen heute auf die Sozialfürsorge und auf ein manchmal kaum ausreichendes Existenzminimum angewiesen.

„Sie ist eine Dame, das sieht man auf den ersten Blick: eine geborene ..., stammt aus einer alten Bürgerfamilie. Sie besuchte das Lyzeum, hatte keine Berufsausbildung, war ‚privat‘, wie man früher sagte. Der Konkurs des Bruders hat sie um das kleine Vermögen gebracht. Als Aushilfskraft im Museum hat sie sich ein wenig über Wasser gehalten, bis sie heute von der Sozialfürsorge leben muß: ein böses

Schicksal. Sie trägt es mit Würde. Sie ist eine unserer treuesten Besucherinnen, still, daß sie kaum auffällt und wohl auch niemandem abgeht, wenn sie einmal fehlt. Aber eine Dame!" (Brigitte, Leiterin einer Seniorenstube)
- Völlig gewandelt hat sich auch die Familie. Sie ist weithin kein Produktionsverband mehr, in der sich Ältere nützlich machen können. Wohnungsknappheit und das Zerbrechen von Kernfamilien überantworten die Senioren (in einem neuen Generationenvertrag) öffentlichen Einrichtungen.

„Für meinen Sohn, der Vater starb früh, habe ich alles getan. Ich ließ ihn auch in meine Wohnung einheiraten, als seine Freundin ein Baby erwartete. Mit der Schwiegertochter gab's von Anfang an Probleme. Das ungute Verhältnis hat mir gesundheitlich geschadet. Die Angst, daheim ein Pflegefall zu werden, ließ mich ja sagen, als mein Sohn nach meinem achtzigsten Geburtstag meinte: ‚In einem Seniorenheim hättest du's viel besser, Mama.' Ja, ich bin mit allem versorgt, aber so habe ich mir das Altwerden nicht vorgestellt." (Hannelore, 82 Jahre)

Dieses Freisetzen der älteren Generation in ihrem familiären, beruflichen und gesellschaftlichen Umfeld hat auch mit dem Wertewandel zu tun, der sich im Laufe einer Generation vollzogen hat. Wirtschaftswachstum und Lebensstandard sind Gebot Nummer eins und bestimmen die Einstellung und das Handeln der Menschen. Nicht ohne Grund ist heute so viel von der Produktions-, Leistungs-, Konsum- und Freizeitgesellschaft die Rede. Der alte Mensch ist Nutznießer und Opfer dieser Wohlstandsphilosophie in gleicher Weise.

Diese Zweischneidigkeit des Altseins – nämlich: wirtschaftliches, soziales Versorgtsein bei gesellschaftlicher Ausgrenzung – stiftet Mißverständnisse und erschwert Lösungen. Hohe Pensionen, Seniorenresidenzen mit allem Komfort und Pflegeheime wie Sanatorien machen den Mangel an Wertschätzung und Anerkennung nicht wett.

lo

Wir werden alt und noch älter

Vor rund 150 Jahren anläßlich eines runden Geburtstags wurde der berühmte Philosoph Immanuel Kant mit einem Fest an der Königsberger Universität geehrt. Der Festredner begann die Laudatio mit der Anrede „Ehrwürdiger Greis!" Kant war gerade 50 Jahre alt geworden.
Noch in unseren Kindertagen war ein Achtzigjähriger eine Seltenheit, eine neunzigjährige eine Sensation. 1930 lag die mittlere Lebenserwartung – nicht zuletzt wegen der hohen Kindersterblichkeit – bei 37 Jahren. 1960 stieg das mittlere Lebensalter bereits auf 66. Heute werden Männer im Durchschnitt 78, Frauen 81 Jahre alt. Die Zahl der über Achtzigjährigen beträgt derzeit in Österreich 230.000. Bei gleichbleibender Entwicklung werden es im Jahre 2050 bereits eine Million sein.
Gründe für diese erfreuliche Lebenszeitverlängerung sind die Fortschritte in der Medizin, der zunehmende Lebensstandard mit vermehrter Hygiene und ein höheres Gesundheitsbewußtsein: Wir leben gesünder, was Ernährung, Kleidung, Wohnen und Erholen betrifft. Wir haben unsere Ärzte und nützen die Vorsorgemedizin. Der Staat sorgt dort für die Kranken- und Altenpflege, wo eigene Mittel nicht mehr reichen.
Unsere Langlebigkeit hat freilich auch ihren Preis! *lo*

Wer soll das bezahlen

Man hört und liest es täglich in allen Medien. Die Sozialausgaben explodieren, die Pensionen in der bisherigen Form sind nicht mehr finanzierbar, Sparbudgets in allen europäischen Ländern mit Kostensenkungsappellen und Belastungen der jeweils Schwächsten. Es werden Hochrechnungen angestellt und Schuldzuweisungen versucht. Österreich und Italien sind die Spitzenreiter bei den Frühpensionen. In Österreich liegt das mittlere Pensionsalter derzeit bei 58 Jahren. Erfolgt keine Anhebung, sehen die Demographen im Jahr 2030 ein Drittel der Österreichischen Arbeitnehmer und Arbeitnehmerinnen im Ruhestand. Auf einen Berufstätigen kämen dann 1,3 Pensionisten. Auf der anderen Seite erklärt man, Frühpensionierung würde Arbeitsplätze freigeben und Rationalisierungen in den Betrieben erleichtern.

Ein Umdenken ist nicht nur erwünscht, sondern erforderlich, denn Neid und Angst erschweren die Solidarität von Alt und Jung, von Berufstätigen und Ruheständlern. So bekam ich's erst kürzlich zu hören: „Pensionist müßte man sein! Die lassen sich's gut gehn, während wir schuften: sie bevölkern die Kaffeehäuser, speisen in teuren Restaurants, sitzen auf den guten Plätzen im Theater, wohnen sorglos – nicht selten eine ‚gnädige Frau' allein – in einer Fünf-Zimmer-Wohnung, und in der naßkalten Jahreszeit fliegen sie auf die Azoren ..." Diese unüberlegte Verallgemeinerung hatte ein Pensionist ausgelöst, der dem übelgelaunten Beamten erklärte, er habe keine Zeit zum Warten und schließlich seien die Beamten für die Bürger da und nicht umgekehrt.

Dabei liegen genügend Zahlen vor, die nachweisen, daß der Großteil der Rentner nur über ein bescheidenes Einkommen verfügt und sogar ein kleiner Teil, in Österreich ca. zehn Prozent, an der Armutsgrenze lebt. Nun sind die Ruheständler durchaus keine Almosenempfänger. Sie haben ihre Sozialbeiträge bezahlt und damit zu einem guten Teil ihre Pensionen vorfinanziert. Trotzdem wird die Finanzierung des Sozialnetzes zum Problem. Hier fällt die zunehmende Zahl pflegebedürftiger älterer Menschen besonders ins Gewicht, denn ob das Rüstigbleiben mit der steigenden Lebenserwartung gleichzieht, bleibt vorerst nur eine Hoffnung.

Hinter der Diskussion um die Pensionen liegt ein ernsthaftes tieferes Problem: die Mißachtung des Alters und – in der Folge – des alten Menschen. *lo*

Noch in einem Teufelskreis gefangen

Glaubt man den Meinungsforschern, die neben dem Konsumverhalten auch die Werteinstellungen unserer Zeitgenossen erheben, rangieren materielle Vorzüge wie Einkommen, Lebensstandard, Urlaub usw. bedeutend höher als ideelle. Das Kosten-Nutzen-Denken ist zu einer Grundeinstellung unserer Gesellschaft geworden. Diese Sachlogik hat ihre Vorteile, birgt aber auch die Gefahr in sich, daß Werte wie Partnerschaft, Freundschaft, Solidarität zu kurz kommen und das Rationale und somit das Berechnende das Humane – das eigentlich Menschliche – verdrängen. *lo*

Es rechnet sich nicht

"Mein Traum waren ein Haus und eine Familie. Mit viel Arbeit und Glück haben wir unser Eigenheim-Nest zustandegebracht. Die Kinder hatten ein schönes Aufwachsen, sie konnten den Beruf erlernen, der ihnen zusagte. Wenn ich von ihrem Glück – im Vergleich zu unserem Aufwachsen – redete, ging ich ihnen auf die Nerven. Unser Jüngster kam im Fremdenverkehr unter und blieb im Haus. Er überredete uns, zwei Gästezimmer einzurichten, um etwas mehr zu verdienen. Aber ‚vier Betten rechnen sich nicht', war die bald gemachte Erfahrung. Wir rückten weiter zusammen, kamen auf zehn Betten und richteten das Wohnzimmer als Frühstücksraum für die Gäste ein. Es dauerte nicht lange, der Sohn überzeugte uns wiederum: ‚Es rechnet sich nicht!' Er pachtete einen alten Gasthof und auf unser Haus kam eine Hypothek. Zwei Saisonen gingen gut, aber er brauchte einen verläßlichen Menschen zur Grundstücksbetreuung: mit Bauchweh übersiedelten wir, ich das erste Jahr in der Rente ... Inzwischen hat sich's gerechnet. Der Sohn hat ein Hotel, unser Einfamilienhaus ist verkauft, wir zwei Alten haben eine Garconnière im

umgebauten Futterhaus und halten Parkplatz und Garten sauber. Ins Hotel passen wir nicht mehr. Für uns hat sich's nicht gerechnet." (Georg, 76 Jahre)

Warum er mir das erzähle, habe ich den alten Herrn gefragt. Er hatte mir geholfen, für eine Seminargruppe die Sessel in einen Kreis zu stellen. „Weil's mir immer im Kopf umgeht, und Sie mich an meinen Vater erinnern, der oft gesagt hat: ‚Die alles haben, sind oft die Ärmsten. Sie haben keinen Abend und keinen Feiertag mehr für sich!'" 10

Das überlieferte Altenbild

Es ist verhängnisvoll: zum Kosten-Nutzen-Denken unserer Zeit kommt ein überliefertes Bild vom alten Menschen hinzu, das überwiegend negative Züge trägt – zu Unrecht, wie man heute weiß. Aber tradierte Vorurteile sind langlebig. Es sind Denkmuster, die schon die Kinderseele mitgeformt haben und an denen wir nicht unschuldig sind.

Wer von uns hat beim Märchenerzählen nicht die Kinderfrage erlebt: „Mutti, Papa, warum ist die alte Frau so böse?" Unsere hilflose Antwort: „Weil sie eine Hexe ist." Die Kleinen lassen nicht nach: „Warum ist sie eine Hexe?" Und dann aus gedankenloser Verlegenheit: „Weil sie so alt ist." Das Kinderverhör geht weiter: „Mutti, ist die Oma auch eine Hexe?" – „Nein, nein, die ist lieb." – „Aber Oma ist doch auch alt!"

Sehr viel besser geht es auch den alten Männern in der Sagenwelt nicht: der alte Rübezahl, der Waldschratt mit dem langen Flechtenbart, der Schatzhüter voller Ränke, der „König so finster und so bleich ..." Dafür strahlt der Prinz in jugendlicher Schönheit und küßt die Prinzessin voll Anmut aus dem Zauberschlaf.

Das negative Bild vom alten Menschen setzt sich in den Lesebüchern der Schulen und fallweise in der Literatur fort. Eine in Amerika durchgeführte Studentenbefragung über das

Alter ergab eine erschreckende Fehlmeinung: Alte Menschen seien inaktiv, zurückgezogen, sie jammern, sitzen beim Telefon und warten, daß sie jemand anruft. Sie seien gebrechlich, vergeßlich, vergrämt. Alter wird solcherart diffamiert, und das führt zur Ausgrenzung.
Wir sprachen in einem Seniorenclub über dieses überlieferte Altenbild in der Literatur, in der Kunst, im Kabarett und in der Karikatur. Doch da kam auch die andere Seite, die der Wertschätzung, zutage. *wg*

Die Wissensspeicher und Brückenbauer

Die moderne Völkerkunde erzählt uns viel über die Stellung des alten Menschen in den frühen Stammesgesellschaften. Sie wurden in besonderer Weise als Wissens- und Informationsspeicher geschätzt und in Anspruch genommen. Sie gaben handwerkliche Fertigkeiten, erprobte Heilmethoden und zum Überleben notwendige Formen des Zusammenwirkens in der Familie, im Clan und im Stamm weiter.

> WER DIE VERGANGENHEIT NICHT KENNT, WIRD DIE ZUKUNFT NICHT IN DEN GRIFF BEKOMMEN. Golo Mann

Die alten Menschen waren die Mittler zwischen ihren Stammesgenossen und den überirdischen Mächten. Der Ahnenkult verstärkte die Position der Alten, die auch streng über althergebrachte Sitten und die Stammeshierarchie wachten. Mit dem Aufkommen der Schrift ist den Alten die Funktion des Wissensspeichers abhanden gekommen. Die Brückenfunktion blieb ihnen, bis diese von einer eigenen Priesterkaste übernommen wurde. Aber auch der höchste Priester – im antiken Rom der Pontifex Maximus, der „oberste Brückenbauer" – war immer ein älterer Mann: ein Prinzip, das weitgehend in

der katholischen und der orthodoxen Kirche beibehalten wurde. Noch heute trägt der Papst den Titel „Pontifex Maximus", die orthodoxen Kirchenfürsten nennen sich „Patriarchen".
Einen „Ältestenrat" gab es sowohl im kriegerischen Sparta (Gerusia) als auch im vorkaiserlichen Rom (Senat). Verfolgt man die Geschichte weiter, sind es immer wieder ältere Menschen, die politische, wirtschaftliche und kulturelle Spitzenpositionen einnahmen bzw. bis zum Tod beibehielten.
So läßt sich auch der oft zitierte Respekt der Jungen erklären, der wohl eher der einflußreichen Stellung und der persönlichen Leistung galt als den „grauen und weißen Häuptern" jener „Weisen" früherer Jahrhunderte.
Auch die sogenannte „gute alte Zeit" war für die in die Jahre Gekommenen oder Gebrechlichen nicht nur gut. So warnte der Wiener Alterzbischof Kardinal Franz König davor, die Stellung der Alten und die Pflege in den Familien früherer Zeit zu glorifizieren. Die an sich so menschliche Lösung, in der eigenen Familie den eigenen Lebensabend zu verbringen, war oft mit Begleitumständen verbunden, die uns heute als unzumutbar erscheinen. Die alten Menschen sind nicht selten als „unnütze Esser" bezeichnet worden, froren in ihren Kammern und waren medizinisch völlig unversorgt. Die zum Teil rauhen Sitten unserer Vorfahren – verständlich aus ihren oft extremen Lebensbedingungen – gingen vielfach zu Lasten der alten Angehörigen.
Wenn ältere Leute von ihrer respektvollen Haltung gegenüber dem Alter erzählen, so sind es meist Menschen in besonderer Position, zu denen sie aufsahen, die sie verehrten. Mir selbst bleibt mein Großvater unvergessen in Erinnerung. *lo*

Er war ein kleiner Sippenfürst

An Sonntagen, und wenn im Tal gefeiert wurde, traf sich der Familienclan in der großen Stube des Ederhofes zum Früh-

stück oder zu einer Jause. Mit den heranwachsenden Kindern waren es oft an die zwanzig Leute. Der Großvater hatte seinen Platz auf dem vorspringendem Eck der Ofenbank, Söhne und Enkel – die Frauen hielten sich lieber in der Küche auf – saßen ihm gegenüber. Der Großvater, „Ate", wie wir ihn alle nannten, hielt seinen Stab mit dem Silberknauf zwischen den Füßen und bestimmte den Gang der Gespräche.
War das Notwendige beredet und geregelt, lief die Unterhaltung in Erzählung über. Darin kam dem Alten niemand gleich. Und wenn dann die Augen der Enkel aus borstigen Buben- und bezopften Mädchenköpfen ihm entgegenstrahlten, hielt er fallweise inne: „Ich komm mir vor wie Abraham, der Stammvater." Bibelfest, wie er war, zitierte er zu wesentlichen Lebensfragen und zur aufkommenden Angst um die Zukunft die Propheten. Aus Lebenserfahrung, Heimatkenntnis und religiösem Wissen formte er sein Weltbild, das sich den Enkeln tiefer einprägte als alle Predigten des Pfarrers und die Zukunftstiraden des neuen Führers.
Als dann Söhne und Enkel in den Krieg mußten, wo sie der „Antichrist", wie der Ate sagte, seinem Größenwahn opferte, begann der nun rasch Alternde taub zu werden. Er nahm seine goldenen Geschichten mehr und mehr in sich zurück und trauerte um die Gefallenen. Von einem aber ließ er nicht ab: daß das Gute in der Welt nicht unterliege, sondern weiterwachse in Kindern und Kindeskindern ... und daß sich nirgendwo zufriedener und ehrsamer leben lasse als auf einem Bauernhof im heimatlichen Tal. *lo*

Das schiefhängende Selbstbild

Was der „Ate" an Selbstwertgefühl fast im Überfluß besaß, geht den Senioren von heute in immer größer werdendem Ausmaß ab. Und wenn die Umwelt an der Selbsteinschätzung rüttelt, dann kann es hin und wieder fast dramatisch werden.

„Mehr brauchst Du nicht mehr! Da spazier' ich auf der Straße, zwei Gymnasiallehrer kommen mir entgegen. Sie blinzeln sich zu und gehen grußlos an mir vorbei. Ich höre noch so etwas wie: ‚Den haben wir überlebt.' Ausgerechnet die! Bei der letzten Matura waren sie noch unterwürfig und zuvorkommend. Der schöne Frühlingstag war vergällt. Die Zeitung im Café hielt ich nur mehr pro forma in der Hand, immer im Ohr: ‚Den haben wir überlebt.' Zum Symposion über den Wert der Alten Sprachen erhielt ich nicht einmal eine Einladung, geschweige denn, die Aufforderung dort als Fachmann mitzudiskutieren. Mit den Empfängen ist's nicht anders: Früher hatte ich keine Zeit hinzugehen, jetzt haben sie mich nicht mehr auf der Prominentenliste ... Sic transit gloria mundi!"
Soweit der rüstige Landesschulinspektor in Ruhe. Die Geschichten ließen sich beliebig aneinanderreihen. Dabei ergeht's denen „oben", die in die Pension gefallen sind, seelisch schlechter als denen „unten", die nicht selten darauf gewartet haben, nun aktiv ihrem Hobby nachgehen zu können. Wo liegt das Elend so vieler Ruheständler?

> ALTE MENSCHEN SIND WIE
> MUSEEN. NICHT AUF DIE FASSADE
> KOMMT ES AN, SONDERN AUF DIE
> SCHÄTZE IM INNEREN.   Jean Moreau

Die gesellschaftliche Stellung eines Menschen in seinem Umfeld ist eng an Besitz, Beruf und Leistung gebunden. Diese Faktoren bestimmen seinen Status. Mit dem Verlust der beruflichen Position ist auch ein Rollenverlust verbunden. Nicht das Geburtsdatum belastet den alten Menschen, sondern die ihm von der Umgebung aufgezwungene Rolle. Nachdem unser Leben weitgehend von dem Leitsatz „Wir sind, was wir tun" geprägt ist, erleben viele Pensionisten eine schwere Krise. Einerseits wird den Jüngeren ein verhängnisvoll falscher

Eindruck von den Fähigkeiten und Wünschen der Älteren vermittelt, und zum anderen wird den alten Menschen selbst der Mut genommen, sich zu ihrer neuen Lebensphase selbstbewußt zu bekennen. *lo*

Die jugendvernarrte Gesellschaft

Zu alledem kommt noch die Überbewertung der Jugend, die unsere Gesellschaft in allen Bereichen beeinflußt und noch immer prägt. Wie geht es einem alten Menschen, wenn er ständig auf Plakaten und in den Fernsehspots mit Muskelpracht, Haarfülle und wohlgeformtem nackten Fleisch konfrontiert wird? „Wie mir vorkommt?" fragt etwas zögernd der Herr Studienrat: „Einmal sehe ich gerne hin. Ich habe beruflich immer mit jungen Leuten zu tun gehabt, ich mag die Jugend. Dann freilich spüre ich auch die Provokation: nur Jugend gilt; du mußt jung sein, fit sein, potent sein, mußt kaufen und tun, was dazu verhilft oder doch lange den Anschein wahrt. Und was mich nachdenklich stimmt: die Ausgrenzung, die Verleugnung des Alterns und des Altseins. Hier läuft, hier lügt eine technisierte Gesellschaft gegen die Natur."

> WAHRE JUGEND IST EINE EIGENSCHAFT, DIE SICH NUR MIT DEN JAHREN ERWERBEN LÄSST.   Jean Cocteau

Und wie fühlt sich die Achtundsechzigjährige, der die Werbung die Schönheit faltenloser Haut und straffer Dekolletés vorführt? „Der Druck, den die Konsumgesellschaft auf jeden von uns ausübt, ist allgegenwärtig. Fast zwanghaft obliegen auch wir älteren Semester dem Jugendlichkeitswahn. Wir beneiden die Jungen um ihre Freiheit und Freizügigkeit, um ihre materiellen und gesellschaftlichen Möglichkeiten, und viele beneiden sie auch um ihren Lustkonsum." – „Ich bereue mehr die Sünden, die ich nicht begangen habe, als die, die ich tatsächlich verübt habe", hat ein Senior, natürlich im Spaß, kürzlich bei einem Jahrgangstreffen gesagt. Eine humorvolle Bemerkung, in der doch ein Körnchen Wahrheit steckt.

Noch eine weitere Äußerung aus der Runde gibt zu denken: „Wir Älteren sind nicht unschuldig an dieser Entwicklung. In unserer Macherfreude beim großen Wirtschaftsaufstieg haben wir den jetzt beklagten Materialismus der Jugend geradezu vorgelebt. Jetzt darüber zu jammern bringt wenig. Helfen kann nur, wenn wir uns mit einsichtigen jungen Leuten zusammentun und das Alter wieder zu Ehren bringen."

Die Vorstellung der Gesellschaft, Altern sei Verfall und der alte Mensch ein Mangelwesen, ist eindeutig falsch. Für die Richtigstellung müssen wir Älteren selbst den Hauptbeitrag leisten. Statt der dummen Verjüngungsmasche das Wort zu reden, heißt es, nicht nur das Altern zu akzeptieren, sondern vorbereitet in die dritte Lebensphase zu gehen und diese selbstbewußt zu gestalten. *lo*

Eine tragische Generation

Ältere Menschen sind oft mehr geschockt als fasziniert, wenn sie den Bogen der Erinnerungen vom Damals ins Heute spannen: „Vom Mittelalter in die Postmoderne", sagte kürzlich ein Alterskollege vom Land: „In den Monaten ohne ‚r' – von Mai bis August – liefen wir noch barfuß in die Schule; zu Hause die Petroleumlampe, volle Selbstversorgung; in der Jugend ohne Entgelt in der Lehre oder bei schwerer Arbeit auf dem Hof; dann zu Militär und in den Krieg. Schlimmer erging's den Jungen in der Stadt: als Halbwüchsige in den Bombenkellern oder beim Arbeitsdienst; die älteren Brüder irgendwo an der Front, bisweilen auch der Vater.

Mit ungewöhnlichem Überlebenswillen gingen wir dann, soweit heimgekehrt, an die Aufbauarbeit. In zwei bis drei Jahr-

zehnten schufen wir aus Trümmern ein neues Land mit einem noch nie dagewesenen materiellen Wohlstand. Die rasante Entwicklung förderte den Aufstieg und ermöglichte eine Technisierung, der alles machbar erschien. Sorglos griffen wir in die vernetzte Natur ein und praßten mit den Ressourcen auf Kosten der ‚Dritten Welt'. Einsichtige warnten vor Naturkatastrophen, vor dem Aufstand der Armen und erhielten erst in der nachfolgenden Generation zum Teil Gehör. Noch immer ist Wirtschaftswachstum die wichtigste Parole, und wir leben gespalten zwischen Einsicht und Tun. Immer mehr junge, sensible Menschen begehren auf, verweigern sich und beschuldigen uns der Sünde wider die Natur. Und wenn darüber gesprochen wird, kommt die gekränkte Frage: Haben wir solche Kritik, solchen Undank verdient?" *lo*

Sie erzählen ihr Leben

„Mein Gott", sagte das Nannele, „das letzte Mal sind wir bei der Erstkommunion so fotografiert worden." Dazwischen liegt nun unser Leben, dachte ich mir. Und dann hat's geklickt, aufregend wie vor 55 Jahren, als noch der alte Lehrer unterm schwarzen Tuch das Wunderding bediente.
Im Speisesaal des Gasthofs Sonne fanden wir uns dann zusammen. Und es begann mit dem Grüßen, Schauen und zumeist auch Raten im Gehen von Tisch zu Tisch. Es war ein aufregendes, geglücktes Wiedersehen. Doch ein gutes Dutzend ist allein vom Krieg nicht mehr heimgekehrt, drei tödlich verunglückt. Auch der Name meines ehemaligen Banknachbarn steht auf dem Kriegerdenkmal. Ich hab mich mit dem Seppl nach 1943 bei einem Kurzurlaub getroffen. Er meinte: „Lassen wir uns in Lienz fotografieren, damit die Mutter wenigstens ein Bild von mir hat." Er hat dabei gelacht. Ob er es ahnte, daß es sein Sterbebildchen sein würde? Seppls Zieheltern saßen kinderlos auf dem schönen Meßnerhof in

Obermauern und hatten sich den Seppl vierjährig von ausgewanderten Verwandten aus Amerika geholt. Sie liebten ihren Hoferben mehr als manch anderer den eigenen Sohn. Ich habe sie nach dem Krieg öfters besucht. Unter Seppls Bild in der Stube waren immer Blumen, und eine Kerze brannte in den Abend hinein, während eine tränenlose Trauer in allen Kammern saß. Etwas von dieser Trauer war eine halbe Stunde lang auch über unseren Tischen zu spüren.
Jeder und jede von uns hat ein unverwechselbares Leben. Im großen sind aber viele Schicksale ähnlich verlaufen: eine arme, aber doch behütete Kindheit; weite Schulwege mit halberfrorenen, nassen Füßen bei der Pflichtschulmesse; das Drängen zum Ofen, hinter dem der Lehrer seine Ruten offen als Drohung liegen hatte; das mühsame Lernen unter strenger Zucht; mißglücktes Abschreiben und falsches Einsagen und zur Pause ein Stück Brot, „belegt mit Daumen und Zeigefinger". Nur die „Exoten", die Kinder von Gendarm, Postmeister und vom Krämer hatten schöneres Gewand und bessere Jause, die ihnen aus den Händen gebettelt wurde. Dafür hatten sie nicht mehr im Kopf als wir.
Auf die Schule folgten ein paar Jugendjahre und dann der Krieg. Unsere Jahrgänge hat es schlimm erwischt. Viele unserer Mädchen haben um ihren Freund, einige schon um ihren Mann gebangt. Aber das Leben mußte weitergehen. Die meisten haben geheiratet, Kinder kamen. Als ich reihum fragte, bekam ich stolze Antworten: „fünf", „sieben", „elf". Man hat sie aufgezogen, wie Gott sie gab, hat sie etwas lernen lassen und war um einen Arbeitsplatz bemüht. Die meisten sind tüchtige Leute geworden mit einem Lebensstandard, den die Eltern nie zu erträumen wagten. Aber die Enkel sind eine neue Generation: reden anders, leben anders ...
Dazu wurden an die Tischnachbarn mehr Fragen als Klagen weitergereicht, wohl wissend, daß sie ohne Antwort bleiben würden. Ob die Jungen viel glücklicher seien, wollte die Irma

von mir wissen. Ich schwieg, wer weiß das schon. Sicher erschien mir nur, was diese Mütter von gestern zumeist im Sinn hatten: das Glück ihrer Kinder und Enkelkinder. Daß sie selbst eine Rente haben und an einem Abend wie diesem essen und trinken können, was ihnen zusagt, daß der Jungbauer sie mit seinem Auto in den Gasthof brachte, das wissen sie zu schätzen, tritt aber zurück hinter der Frage, die unbeantwortet über dem Abend hing: Was bleibt von dem, was wir erarbeitet, erwirtschaftet, erträumt haben? *lo*

Die Wiederentdeckung des Alters

Der Ausbruch aus dem Teufelskreis einer Fehlbewertung des Alters und aus dem damit verbundenen gestörten Selbstbild ist voll im Gange.
Wissenschaftliche Untersuchungen, laufende Veröffentlichungen in großer Zahl, Veranstaltungen im Bildungs- und Sozialbereich befassen sich ernsthaft mit dem Altern und der dritten Lebensphase. *lo*

Eine Korrektur ist überfällig

„Ich habe ein Problem: Wenn wir vom Altern und vom alten Menschen reden, fühle ich mich nicht betroffen, meine ich immer die anderen. Dabei bin ich laut Taufschein 73 Jahre alt und komme mir vor wie immer, jedenfalls nicht alt." Der Mann mit der grauen Bürstenfrisur und den lustigen Augen erhält allgemeinen Beifall. Die weiteren Wortmeldungen in der Runde unterstützen ihn.
Vom alten Menschen zu reden, ist unzulässig, denn „den" alten Menschen gibt es nicht. „Alter ist wie auch Jugend eine gesellschaftliche Festlegung biologischer Vorgegebenheiten", stellt der Wissenschaftler Leopold Rosenmayr fest. *lo*

Wir sind schon jung gewesen

Nun, jede Altersstufe hat biologisch und gesellschaftlich ihren eigenen Wert. Jugend ist ein Stadium des Wachstums und der Entwicklung, ein Zustand des Möglichen, des Beginnens, der auf Verwirklichung wartet. Wissen und Weisheit, aber auch Versagen und Schuld kommen erst auf den Erwachsenen zu. Wenn wir nicht begreifen, daß Altern ein Reifeprozeß ist, werden wir das Grundprinzip des Lebens nie verstehen. Wie hat es Georg Christoph Lichtenberg (1742–1799) in seinen Aphorismen klar und unmißverständlich ausgedrückt? „Wenn die Erinnerung an die Jugend nicht wäre, so würde man das Alter nicht verspüren ... Denn der Alte ist gewiß ein ebenso vollkommenes Geschöpf in seiner Art als der Jüngling." *wg*

ALTER

DAS ABER IST DES ALTERS SCHÖNE,
DASS ES DIE SAITEN REINER STIMMT,
DASS ES DER LUST DIE GRELLEN TÖNE,
DEM SCHMERZ DEN HERBSTEN STACHEL NIMMT.

ERMESSEN LÄSST SICH UND VERSTEHEN
DIE EIGNE MIT DER FREMDEN SCHULD
UND WIE AUCH RINGS DIE DINGE GEHEN,
DU LERNST DICH FASSEN IN GEDULD.

DIE RUHE KOMMT ERFÜLLTEN STREBENS,
ES SCHWINDET DES VERFEHLTEN PEIN
UND ALSO WIRD DER REST DES LEBENS
EIN SANFTES RÜCKERINNERN SEIN.

Ferdinand von Saar (1833–1906)

Ein Chance ohnegleichen

Immer häufiger umfaßt die dritte Lebensphase, d.h. die Seniorenzeit, ein Viertel bis ein Drittel unserer Lebenszeit. Ein Geschenk des Himmels oder der Biologie, sagen wir heute noch, wenn jemand ein hohes und gesegnetes Alter erreicht. Morgen, wenn das Durchschnittsalter weiter angestiegen ist, wird dieses uns heute „biblisch" erscheinende Lebensalter eine normale Erwartung sein. Eine Chance ohnegleichen!
Aber es gibt genügend Menschen, die mit diesem Geschenk wenig anzufangen wissen. Ohne Lebenslust, ohne körperliche und geistige Aktivitäten warten sie in den Abend ihres Lebens hinein. Der Kommentar jüngerer Zeitgenossen dazu, „Selbst schuld", ist herzlos und ungerecht. Die Hauptursache ist immer noch das gesellschaftliche Umfeld.
Die Einstellung und das Verhalten des Älteren sind von seiner Lebensgeschichte und seiner Umwelt geprägt. Ein Mensch, der sich sein Leben lang neben Beruf und Familie für vieles interessiert und laufend weitergebildet hat, Hobbys pflegt und mitmenschliche Kontakte aufrecht hält, wird sich in dem neuen Lebensabschnitt viel besser zurechtfinden als Zeitgenossen, die sich nach der Pensionierung fast wie in einem Niemandsland abgesetzt vorkommen.
Geglücktes Altern hat viel mit Bildung zu tun. Der einzelne und die Gesellschaft müssen endlich begreifen, daß man sich nicht nur auf den Beruf, sondern auch auf das Alter, die dritte Lebensphase, vorbereiten muß.
Die Bildung und die Einstellung werden zu wichtigen Problemlösern. Auch das negative Wort „Ruhestand" gehört korrigiert. Man könnte dafür Seniorenstand sagen, wenn man unter einem Senior einen aktiven selbstbewußten älteren Menschen versteht.
Es gehört zu den Ungereimtheiten unserer Zeit, daß berufliche Leistung der entscheidende Wertmesser ist und gleich-

zeitig viele Berufstätige mit ihrer Arbeit unzufrieden sind. Arbeitsleid ist dafür ein geflügeltes Wort. Streß hat mit Arbeitsüberlastung und auch mit Unzufriedenheit am Arbeitsplatz zu tun.
Die Sehnsucht nach der Pension soll weder eine Flucht noch ein Traum vom Nichtstun sein, sondern die Verwirklichung von Tätigkeiten, die endlich mehr Sinn vermitteln und Spaß machen.

> DAS ALTER IST NICHT EIN REST DER JUGENDKRAFT, SONDERN EIN GANZ NEUES, FÜR SICH BESTEHENDES GROSSES.
>
> Käthe Kollwitz

Die Pensionsgeschädigten entstammen überwiegend jener Gruppe von Berufstätigen, die in ihren Beruf aufgingen, sich voll mit ihrem Betrieb und ihrer Funktion identifizierten, Ansehen hatten und Macht ausübten. Sie tun sich mit dem Statusverlust und dem Rollentausch unvergleichlich schwerer. Besonders schlimm wird es dann, wenn dem Beruf Hobbys und Interessen geopfert wurden.
Das Leben spielt kompliziert. Dazu darf man einen Aspekt nicht übersehen: Bis zur Pensionierung sieht sich der Mensch im Aufstieg: immer noch eine Sprosse höher, zumindest im Einkommen.
Die Pension dagegen führt auf ebenes, bald abschüssiges Gelände. Die letzte Lebensphase, das Endgültige macht vielen zu schaffen.
Was ist zu tun, damit die dritte Lebensphase einen neuen Stellenwert bekommt, der Eintritt noch mit Zukunft gesegnet ist, die Chancen begriffen und genützt werden? lo

„Alter hat Zukunft"
Im Gespräch mit der Künstlerin May Hofer
Jahrgang 1896

Die Bekanntschaft mit May Hofer, die sich im Laufe vieler Jahre zu einer familiär-freundschaftlichen Beziehung weiterentwickelte, verdanke ich einer jener Fügungen, von denen Georges Bernanosn behauptet: „Was wir Zufall nennen, ist vielleicht die Logik Gottes." Dies ist ein Ausspruch, der in diesem Zusammenhang keineswegs übertrieben ist, wenn ich an die vielen gewinnbringenden Unterhaltungen denke, die mir neben Interessantem und Wissenswertem vor allem neue Einsichten und auch ein erweitertes Verständnis für den Lebensprozeß „Altern" vermittelten.

Nach wie vor spricht die alte Dame die gepflegte Sprache, die sie von klein auf gelernt hat, und nach wie vor sind ihr Disziplin und Wille Stützen, mit denen sie ihren Alltag in einem Appartement des Bozner Blindenzentrums bewältigt.

Ihr dritter Lebensabschnitt steht sozusagen unter dem Motto „Viel Leben in den Jahren". Wie ist es Ihnen gelungen, Ihre Kreativität und Ihren lebensbejahenden Optimismus bis ins hohe Alter beizubehalten?

Wesentlich für mich ist sicher meine Freude am künstlerischen Schaffen und die damit verbundene Phantasie, die mich beflügelt, immer wieder Pläne für die Zukunft zu machen. Ich war seit jeher allem Neuen gegenüber aufgeschlossen, und dieses Geistig-für-alles-Offen-Sein habe ich beibehalten. Als mein Mann starb, mußte ich, obwohl schon über siebzig, mein Leben persönlich in die Hand nehmen, um überleben zu können. Ich habe Aufträge für meine Bildteppiche und Emailarbeiten bekommen, Ausstellungen gemacht, und so hat sich auch meine gesellschaftliche Position verbessert. Ich wurde als Mensch und Künstlerin anerkannt und akzeptiert. Und Selbstwertgefühl und Akzeptanz sind gerade im Alter etwas ungeheuer Notwendiges.

Sie sprechen die Bedeutung des Selbstwertgefühls an. Was erscheint Ihnen persönlich noch als wichtig, damit ein älterer Mensch sowohl in seiner unmittelbaren Umgebung als auch in der Gesellschaft eingebunden bleibt?

Wissen Sie, jeder von uns hat „Gaben" mitbekommen, aus denen er den Umständen und Widrigkeiten zum Trotz das Möglichste machen sollte, denn auf diese aktive Weise kann man am besten sein Selbstbewußtsein stärken. Mich persönlich spornen Herausforderungen an, und dabei lautet meine Devise: Sich nicht gehen lassen und vor allem das eigene Niveau beibehalten. Dadurch können auch wir Älteren unsere Selbständigkeit beweisen, denn schließlich haben wir im Lauf unseres Lebens viel geleistet, Wissen erworben und Fertigkeiten vervollkommnet. Wer sich seines Wertes bewußt und zugleich irgendwo kompetent ist, tut sich „in" und „mit" der Gesellschaft einfach leichter.

Jungsein hat in unserer Zeit einen besonders hohen Stellenwert. Da es aber immer mehr ältere Menschen gibt, müssen wir uns verstärkt um eine „Kultur des Alterns" bemühen. Inwieweit, glauben Sie, kann die ältere Generation dazu beitragen?

Erstens müssen sich die Senioren von heute mehr denn je um eine gute Gesprächsbasis mit den nachfolgenden Generationen und vor allem mit der Jugend kümmern. Wenn dabei von eigenen Erfahrungen gesprochen wird, darf man weder erwarten noch es fordern, daß diese übernommen werden, jede Jugend braucht ihre eigenen Erfahrungen!

Zweitens geht es um den Themenbereich „Alter". Es kommt mir manchmal so vor, als ob das Älterwerden entweder verdrängt, verschleiert oder überhaupt negiert wird, und dabei ist es ein ganz natürlicher und alle betreffender Lebensvorgang. Solange die werdenden Senioren sich nicht zu ihren Jahren bekennen und damit auch ihr eigenes „Selbstverständnis" erwerben und begründen, bin ich nicht sehr optimistisch, was die „Kultur des Alterns" betrifft.

Natürlich bringt das Älterwerden Probleme mit sich. Allein die Bewältigung des Alltags wird mühselig: Rechtzeitig Aufstehen, Baden, Körperpflege, Anziehen, Frühstückmachen ... all das kostet Überwindung und Energie!

Aber es bleibt immer noch genügend Platz für Freude an schönen Dingen, gepflegter Unterhaltung und kreativen Aktivitäten. Ich, für meinen Teil, habe es erreicht, ruhig alt zu werden!

Sie sprechen von „Alt-Werden"! Für die Allgemeinheit sind Sie eine sehr alte Dame!

Sie haben recht, aber vielleicht ist es gerade der Widerspruch – alt zu sein, aber sich nicht alt zu fühlen –, der mich aktiv bleiben und bei der Überzeugung läßt: Alter hat Zukunft!

Das Gespräch führte Silvia Hohenauer.

Altengruppen – Altentypen

Wir wissen, den alten Menschen gibt es nicht, sondern nur die Vielzahl unterschiedlichster älterer Personen. Auch eine Unterteilung verallgemeinert, doch für die Praxis ist sie notwendig. Dabei geht es um Leistungszustand und Aktivität. Die Leiterin des Sozialsprengels einer Tiroler Bezirksstadt hat ihre Senioreneinteilung aufgrund ihrer langjährigen Erfahrung getroffen:
- *Die aktiven Pensionisten*: Sie erzählt wörtlich: „Ich liege förmlich auf der Lauer, um unternehmungsfreudige, agile Männer für meine Arbeit zu gewinnen. Sie sind freundlich, charmant, aber dann kommt der bekannte Pensionistengruß: ‚Keine Zeit!' Eine abwinkende Bewegung mit der Hand und der Herr ist unterwegs zu seinem Hobby, seiner Nebenbeschäftigung oder seinem Club. Besser geht's mir mit den Frauen. Ohne sie gäbe es keine funktionierende Sozialarbeit in den Gemeinden, die Kirchen könnten zusperren und bei den öffentlichen Festen würde oft der ganze Rahmen fehlen: Viele unserer älteren Leute sind still und unbemerkt in guter Sache unterwegs und erhalten unsere Welt noch einigermaßen menschlich." An diese aktiven munteren Leute denkt vermutlich niemand, wenn in der Unterhaltung sehr unreflektiert vom alten Menschen geredet wird.
- *Die „krankheitshalber" Pensionisten*: Eine Gruppe, die immer zahlreicher wird, sind die Opfer unserer Leistungsgesellschaft. Immer mehr Frauen und Männer müssen krankheitshalber aus dem Beruf ausscheiden. Es gibt Arbeit und ein Arbeitsklima, die krank machen. Dazu kommen dann die vielen Arbeits-, Straßen- und Freizeitunfälle, die eine weitere Berufsausübung verhindern. Die Gruppe von Frühpensionisten, die meist auch psychisch leiden, braucht besondere Aufmerksamkeit. Ihre Mitarbeit in Frei-

zeiteinrichtungen, kulturellen Institutionen, in Vereinen und Clubs und bestimmten Hobbygruppen wird noch zuwenig initiiert. Welche Energien solche Menschen aufbringen können, zeigen ihre Leistungen im Versehrtensport.

- *Die Seniorenclubler*: So nennt Frau Elfriede die dritte Gruppe: „Es sind zu einem guten Teil ältere Menschen, bei denen es schon zu sehr ‚nachläßt‘, um noch voll in ihre Umwelt integriert zu sein. Wie sich ihr Bewegungsradius einschränkt, so verringert sich auch ihr Bekanntenkreis. So sehen sie sich öfter zu Begräbnissen als bei Festen. Die Lust zu einem Tapetenwechsel, die Freude, ein wenig in Gesellschaft zu sein, neue Menschen kennenzulernen, führt sie in die Seniorenstuben und in die Altenclubs. Das Programm, ein bißchen Bildung durch einen Vortrag, eine Kaffeejause, anschließend Plauderei oder Schach- und Kartenspiel sagt ihnen zu. Kleine Reisen und fallweise ein Festchen sind willkommene Angebote in der zunehmenden Eintönigkeit ihrer Tage." Mit Hilfe rüstiger Pensionistinnen leisten in den Seniorenstuben und Altenclubs die Gemeinden, die Kirchen und karitative Einrichtungen vorzügliche Altenarbeit. Auch die politischen Parteien kümmern sich um die Senioren, besonders dann, wenn wieder eine Wahl ins Haus steht.
- *Die pflegebedürftigen alten Menschen*: Sie nehmen zahlenmäßig zu, auch wenn sie in der Gesamtheit der Senioren eine kleine Gruppe darstellen. Sie sind bunt gemischt, was den Geburtsjahrgang, Gesundheitszustand, familiäre Verhältnisse und persönliche Interessen betrifft. Diesen Menschen gilt die besondere Zuwendung aller im Sozialsprengel Tätigen. Essen auf Rädern und die Hauskrankenpflege ermöglichen es vielen, in ihrer Wohnung, eventuell auch in ihrem Familienverband zu bleiben. Die zunehmende Mobilität eines wechselnden Aufenthalts zwischen zu Hause

und einem Senioren- bzw. Pflegeheim sind ein deutlicher Fortschritt im Respektieren der Wünsche fürsorgebedürftiger älterer Menschen. Es ist der verkürzte Blick auf diese Gruppe, wenn Alter in unserer Gesellschaft mit Defiziten, Mühsal und Isolation gleichgesetzt wird. Dabei sind viele Pflegebedürftige großartige Menschen, die ihr Altern mit Fassung, oft sogar mit Humor tragen. Sie sind aufmerksam, dankbar und hilfsbereit, soweit ihnen das noch möglich ist. Daneben gibt es, wie in jeder Altersstufe, auch eigensinnige, mißtrauische und schlecht gelaunte Typen. Warum sollten alle alten Menschen immer lieb und freundlich sein? Elfriede: „Meine Aufgabe ist es, Essen auf Rädern zu organisieren, die Hauskrankenpflege aufrecht und leistungsfähig zu halten, regelmäßige Besuche bei Alten und Kranken durch geeignete Personen zustandezubringen und Übersiedlungen in Alten- und Pflegeheime vorzubereiten und einzuleiten. Mein Beruf ist kein Honiglecken, aber dennoch komme ich mit ihm gut zurecht. Mein Lohn ist, gebraucht zu werden und so erlebe ich bei aller Not viel Zuneigung und Vertrauen." *lo*

Reich an Wissen und Erfahrung

Das Wissen hat Füße

„Wenn ein alter Mensch stirbt, dann ist es, als ob eine ganze Bibliothek verbrennen würde", sagt ein altes afrikanisches Sprichwort. Es gilt auch heute noch: Wenn alte Menschen es versäumen, ihr Wissen weiterzugeben bzw. die Jungen sich nicht dafür interessieren, gibt es unweigerlich und unvermeidbar Brüche in der Tradition, im Wertesystem und im Zusammenleben der verschiedenen Altersgruppen. Daran krankt unsere Zeit.

„Das Wissen hat Füße", es kann auf einen zugehen, und es kann weggehen, kann auch verbrennen, wie man ebenfalls in Afrika sagt.

Junge Leute gehen wieder auf Spurensuche und graben im Steinbruch der Vergangenheit: Ortsgeschichte, Alltagsgeschichte ist wieder in. Bäuerinnen, die von ihrer Jugend, ihrem Alltag erzählen, haben mit ihren Büchern – denken wir nur an „Herbstmilch", das auch verfilmt wurde – hohe Auflagenzahlen erreicht. Das Buch von Johanna Paungger „Vom richtigen Zeitpunkt" ist ein Bestseller geworden. Alte Kochrezepte, das Pflanzen und der Gebrauch von Heilkräutern haben Hochkonjunktur.

Diese neue Wertschätzung ist nicht nur ein Sichbesinnen auf Althergebrachtes, sondern zugleich ein Ausdruck des Respektes gegenüber der Tradition und ihren Trägern, den alten Menschen.

Im selben Trend bemühen sich heute viele Gemeinden, alte Bausubstanz zu erhalten und alte Geräte in örtlichen Museen zu sammeln, um einen Einblick in das Leben unserer Vorfahren zu geben.

> HÄUSER WOLLEN NICHT JUNG BLEIBEN
> WIE MENSCHEN, UND ERST ZU EINEM
> ALTEN DACH KOMMEN DIE EULEN UND
> DIE UNTERIRDISCHEN.   Ernst Wiechert

Genau hier eröffnet sich ein weites Betätigungsfeld für Senioren. In ihrem viel engeren Lebensbezug zu allem Geschichtlichen sind sie die berufenen Ortschronisten, Betreuerinnen und Fachleute für Ortsmuseen, Erzähler und Gesprächspartnerinnen im Bereich der Heimatkunde und geschickte Gästeführer für örtliche Sehenswürdigkeiten. Auch die Einrichtungen der Erwachsenenbildung bemühen sich vermehrt um das Gespräch zwischen Jung und Alt. Dabei geht es nicht um

„Nostalgie-Pflege", sondern um handfeste Bildung für einen „neuen-alten" Lebens- und Umweltbezug. *me*

Der Berger Gottl, eine Legende von Lebenswissen

Auf dem Bichl, einem eiszeitlichen Talbodenrest, im inneren Virgental steht ein uralter Bauernhof, der Oberbichler. Der Gottl (Gottlieb) hat übergeben, blieb aber in seiner Stube. Der älteste Sohn hat in respektvollem Abstand ein neues Wohnhaus errichtet. Sie leben in guter Nachbarschaft, und die fünf Kinder belagern die Großeltern, daß sie der Alte oft abwehren muß, um seiner Arbeit nachzukommen. Er ist schon mitten in den Achtzig.

Der Gottl hat als Bauer gut gewirtschaftet und als Hausvater alle seine sieben Kinder zu ehrbaren Leuten erzogen. Zeit seines Lebens hat er die Natur, den Anbau und das Vieh genau beobachtet.

Aus dem Zug der Wolken, dem Verhalten der Tiere, dem Schrei gewisser Vögel kann er das lokale Wetter besser voraussagen als alle unsere Wetterdienste. Er kennt die Tage, an denen man Bäume pflanzt und den Kindern die Haare schneidet. Sein Holz, das er im Hochwinter bei bestimmtem Mondstand und Sternzeichen schlägt, verzieht sich nie.

Der Gottl ist längst zur Legende geworden. Als Gegner eines Großkraftwerkes durch die Medien weit über den Bezirk hinaus bekannt, als Heimatkundiger mit Hausmuseum, als Heilkräuterfachmann und Gesundheitsberater von Einheimischen und Gästen viel besucht, vermittelt er ein Lebenswissen, das Bücher füllen könnte. *lo*

„Ein betagter großer Denker"
Im Gespräch mit Prof. Karl Friedrich von Weizsäcker
Jahrgang 1912

Es ist kein Zufall, daß ausgerechnet beim Gottl in der Stube fallweise ein prominenter Gast sitzt, der Philosoph und Physiker Karl Friedrich von Weizsäcker. Der Forscher und Autor bedeutender Werke hat in der Einsamkeit dieses Bergtales einen „Hochleger" gefunden, der ihn bei seiner Arbeit vor Öffentlichkeit abschirmt und dem Achtziger ein alpines Wanderangebot vor die Haustür legt. Professor von Weizsäcker, der in seinem Manifest „Die Zeit drängt" einen tiefgreifenden Bewußtseinswandel eingemahnt hat, stellt sich öfter auch dem Gespräch mit Einheimischen und Gästen, bei dem es im Grunde um sein Anliegen, nämlich um einen Wandel im Denken und eine neue Sinnfindung geht.

Herr Professor Dr. von Weizsäcker, bei Ihnen geht der Wunsch, „viel Leben in den Jahren" voll in Erfüllung. Was war Ihr besonderer persönlicher Beitrag zu Ihrem Lebensoptimismus und zu der damit verbundenen Schaffenskraft, die Sie auszeichnen? Wie haben Sie sich so fit gehalten?

So genau weiß ich das selbst nicht. Ich war zeitlebens ziemlich fleißig in meiner Arbeit, weil sie mich auch stets sehr interessierte. Außerdem aber habe ich seit Jahrzehnten immer den Feiertag geheiligt: „Am Sonntag darf ich nichts sollen."

Ferner habe ich sehr gern, auch schon seit Jahrzehnten, wenn es ging, jede Woche einmal einen mehrstündigen Spaziergang gemacht, der es ermöglichte, in Ruhe zu denken, und gleichzeitig dem Körper etwas zu tun gab.

Was halten Sie für wichtig, was ist zu tun, damit wir als ältere Menschen noch voll in unser Umfeld und damit in unsere Gesellschaft eingebunden bleiben?

Die Beziehung zum Mitmenschen, zumal zu den Jüngeren. Als meine Mutter im 94. Lebensjahr gestorben war und ich am Tag nach ihrem Tod in ihrer Wohnung ankam, wurde mir ein Kuchen vorgesetzt, ein Stück eines Kuchens, den sie am Tag vor ihrem Tod für einen Urenkel noch gebacken hatte.

In Gegensteuerung zur „Jungsein-Vergötzung" braucht es eine neue „Kultur des Alterns". Was müßte dazu von der älteren Generation geleistet werden?

Eigentlich habe ich in der Antwort auf die zweite Frage schon darauf zu antworten versucht. Die alten Menschen kennen die Jüngeren, sie kennen im allgemeinen viele Jüngere und können sich aktiv um sie kümmern. Das hält, wenn ich richtig sehe, jung.

Das Gespräch führte Louis Oberwalder.

Schatz und Last der Erinnerung

Erworbenes Wissen und Erfahrungen sind Geschöpfe von Hirn und Herz. Deshalb sind Erinnerungen immer auch emotional durchtränkt.

„Ich lebe von meinen Erinnerungen und mit niemandem möchte ich sie tauschen." Der Mann, der das sagte, sah nicht nur agil aus, er hatte auch noch eine Fülle von Plänen für morgen und übermorgen. Mir ging es um den Schatz an Erinnerungen, als wir nach einem lockeren Seminartag bei einem Glas Wein bis in den Abend hinein plauderten. Ich sprach den pensionierten Lehrer direkt an: „Wie ist das mit Ihren Erinnerungen, wie leben Sie damit?"

> **I**CH HABE MEINE **K**INDHEIT HEIMLICH IN DIE **T**ASCHE GESTECKT, UM EIN **L**EBEN LANG DAMIT ZU SPIELEN.

Er zierte sich nicht lange und erklärte: „Man kann das Leben mit einer Zugsfahrt vergleichen. Als junger Mensch schaut man dem Reiseziel entgegen und geht ungeduldig von einem Fenster zum anderen. In die besten Jahre gekommen, fällt der Blick auf die unmittelbare Umgebung. Es wechseln Kornfelder und schmucke Städte mit Deponien und verdreckten Hinterhöfen. Schönes und weniger Schönes halten sich die Waage. Wird man älter, dann scheint der Zug die Fahrt zu beschleunigen. Jetzt sitze ich nicht mehr in der Fahrtrichtung, sondern schaue nach rückwärts auf die sich entfernenden Landschaften. Und ich freue mich, im Rückblick die Stationen meines Lebens aufzusuchen. Da und dort mache ich halt und steige aus, um der Stunde, dem Tag, der Stimmung von damals nachzufühlen. Ich tue dies mit allen Sinnen: Ich spüre die Wärme eines zweiten geliebten Körpers, die Geborgenheit unserer Stube. Ich habe den Sockengeruch meiner Taferlklasse in der Nase und die neugierig-schüchternen Gesichter der Kinder vor mir. Und dann sitze ich am Bett meines schwer verunglückten Ältesten und glaube wieder, es sei nur ein böser Traum ... Es war Wirklichkeit, es war das Leben."
Nach kurzer Pause gibt sich der ehemalige Dorfschullehrer einen Ruck und meint gefaßt: „Es muß wohl so sein, ohne das Unglück gäbe es vermutlich auch kein Glück. Aber wenn ich mein Leben überschaue, überwiegt das Gute, sodaß ich dem

Herrgott nur danken kann. Seine verschlungenen Wege waren die rechte Route zu dem kleinen Gipfel, auf dem ich heute raste."

Nicht jeder besitzt so viel weise Abgeklärtheit, um sich mit seinem Geschick auszusöhnen und sogar noch eine Zusatzportion Zufriedenheit herauszuholen. Manchmal wirft das „Kramen" in Erinnerungen Fragen auf, die offen bleiben, aber dennoch die Sehnsucht nach dem „Damals" wecken. *lo*

Muttertag – damals und heute

Es gibt Tage im Jahr, an denen ich in einer heimlichen Schublade stöbere. Ich ziehe eine Mappe heraus und blättere in der Vergangenheit. Es sind einfache Zeichnungen, kleine Gedichte, Briefe meiner Kinder – spontan, herzlich und voller Fehler –, die mich immer wieder berühren: Ich habe noch einen gehäkelten Waschlappen, einen Elefanten aus schwarzem Holz mit nur drei Füßen und einen gemalten Gockel. Alles Geschenke meiner Kinder zum Muttertag, damals.

Unwillkürlich muß ich an das Frühstück denken, an den von ihnen gedeckten Tisch, den Brandgeruch übergelaufener Milch in der Küche ... Ich sehe sie, alle fünf, erwartungsvoll dastehen. Prüfend, ob ich mich über ihre Geschenke auch freue. Die zwei Kleinen, die Hände voll Wiesenblumen, plappernd und lachend. Jedes wollte mir ganz nahe sein.

Muttertag heute mit meinen großen Kindern. Oh ja, ich bekomme auch heute noch Geschenke. Größere, kostspielige. Blumensträuße, die sich in den Farben überbieten. Dann stehen mir große, sehr verlegene Männer gegenüber, von den Töchtern und Schwiegertöchtern zurechtgerichtet und mitgenommen. Der Nachmittagskaffee hat etwas Festliches. Die Gespräche gehen eher schleppend. Es ist uns etwas abhanden gekommen im Laufe der Jahre. Was ist es denn? Damals, als sie noch Kinder waren, war die Zuneigung zwischen uns ungeteilt, echt und in ihren bescheidenen Gaben lag ihre ganze Seele. *tk*

Ein fälliges Gespräch und eine neue Solidarität zwischen den Generationen

Unsere Gesellschaft ist in steter Entwicklung begriffen zum Besseren, Vollkommeneren, wie wir glauben oder wenigstens hoffen. Dazu gehört als wesentliches Element der Generationenwechsel. Doch das Platzmachen der Älteren und das Nachrücken der Jungen war zu allen Zeiten problembeladen. Intoleranz und Schuldzuweisungen auf beiden Seiten führen zu nichts. Ohne Solidarität kann die Gesellschaft auf Dauer nicht existieren. Wir alle brauchen sie, die positive Einstellung zum Mitmenschen und die Bereitschaft, ihn zu akzeptieren und für ihn einzustehen.
Nur so kann das Auseinanderdriften der Familie und der Nachbarschaft, der Menschen am Arbeitsplatz und in den politischen Parteien und traditionellen Glaubensgemeinschaften eingedämmt werden. Zu einer wachsenden Solidarität zwischen Jung und Alt gehört als ein wichtiger Grundpfeiler das Gespräch zwischen den Generationen.
Dieses Gespräch müssen beide – Jung und Alt – suchen: in der Familie, am Arbeitsplatz, in der Gesellschaft. Dazu gibt es vermehrt eigene Veranstaltungen der Bildungseinrichtungen und der Kirchen, in denen offen miteinander geredet und auch das Miteinander-Reden geübt wird. Drei Beiträge aus einer solchen Veranstaltung sprechen viel mehr als theoretische Abhandlungen.

„Ich hab' es aufgegeben, mit meinen Eltern, sie sind über sechzig, über früher und heute zu streiten. Sie haben immer recht, auch wenn ich ihnen schwarz auf weiß ihren Irrtum beweise. Verlogene Erinnerungen mit Vorwürfen an uns Jun-

ge: gerackert, auf alles verzichtet – für uns, damit wir's besser haben. Sie taten es natürlich vor allem für sich selbst. Sie waren arbeitsam, sparsam, tüchtig ... so geht die Litanei weiter. Es gab noch Autorität. Und christliche Werte, an die man sich hielt. Von der Mißgunst, der Ausbeutung, der Hartherzigkeit reden sie natürlich nicht. Dafür aber prasseln dann die Vorurteile auf uns Junge nieder: schlampig, unverläßlich, auch arbeitsscheu, sittlich verludert ... – lauter Pauschalurteile, unreflektiert, ungerecht." (Edith, 23 Jahre)

„Jugendliche sind auf ständiger Suche nach Informationen über alles, was sie interessiert, was sie beruflich und für ihre Hobbys brauchen. Sie wissen dadurch oft mehr als Erwachsene, finden sich auch in der Technik besser zurecht. Dieses Besserwissen ärgert ältere Leute und blockiert Gespräche. Die Alten berufen sich immer auf ihre Erfahrung, auf Regeln, Bräuche und Normen, die sie überliefert bekamen. Wir können damit wenig anfangen, für uns sind das Fesseln. Um frei zu werden, wollen wir oft mit dem Kopf durch die Wand. Vor allem, wenn es gilt, hochfliegende Pläne zu verwirklichen. Das Gefühl des Jungseins manifestiert sich in vielen Dimensionen. Es ist ein wahrhaft unbeschreibliches, individuelles Gefühl. Jeder spürt es anders, jeder auf seine Art. Für mich ist Jungsein wie ein tiefer Brunnen. Wir schöpfen daraus unsere Kraft für unser Leben und für unser späteres Alter. Dabei suchen wir Vorbilder, Idole, Lebenskünstler. Wir wollen wirklich Leben gestalten und zerbrechen oft an der Realität. So greifen viele in ihrer Hoffnungslosigkeit und Angst zu Drogen und anderen Rauschmitteln. Dann blühen auch ihre Träume." (Helmut, 18 Jahre)

„Ich habe mit meiner jüngsten Tochter, wie sie noch zwanzig war, nur Probleme gehabt. Schreiduelle, Stummfilm, Einander-aus-dem-Weg-Gehen wechselten in unserem kommunika-

tiven Umgang ab. Seitdem ich mein Verhalten geändert habe, geht es uns beiden gut. Ich bin oft nicht ihrer Meinung. Wenn sie mich danach fragt, sag' ich ihr's in vollem Respekt vor ihrer eigenen Meinung. Sie fängt jetzt auch an, mich nach meiner Vergangenheit zu fragen. Ich hab' kein Problem mehr, mich auch als Sünder zu bekennen. Früher meinte ich, ein Denkmal, zumindest ein halbwegs Gerechter sein zu müssen. Und dann schauen wir uns an und lachen miteinander: Das ist das Schönste. Zu meinem 66. Geburtstag, das kluge Mädchen ist inzwischen auch schon 30, sagte meine Jüngste: ‚Papa, du bist ein Mensch!' Kein Lob der Welt hat mich jemals so angerührt wie dieser Satz." (Erich, 68 Jahre)

Den drei „Bekenntnissen" ist wenig mehr hinzuzufügen, wenn wir Rat für unser Gespräch mit der jungen Generation suchen. Die schwerwiegendste Forderung stellt freilich der junge Helmut: „Junge Menschen suchen Vorbilder." Sie suchen Markierungen für den eigenen Lebensweg. Dieser Vorbildfunktion des Seniors entschlagen wir uns zu gerne. Titel und Macher-Leistungen fallen wenig ins Gewicht. Die Jugend entkleidet pietätlos, prüft den Persönlichkeitsgehalt. Wenn sie dabei auf eine Goldmine trifft, sucht sie das Gespräch. *lo*

Vergangenheitsbewältigung

„Der ist ein Narr, der sich an der Vergangenheit die Zähne ausbricht", sagt Antoine de Saint-Exupéry, „denn sie ist ein Granitblock und hat sich vollendet." Aber der Autor des „Kleinen Prinzen" weiß noch einen weiteren Rat für uns: „Bejahe den Tag, wie er dir geschenkt wird, statt dich am Unwiederbringlichen zu stoßen."
Und doch setzt sich jeder von uns irgendwann einmal mit seiner Vergangenheit auseinander. Nicht immer ist der „Blick zurück" ein ungetrübter. *kk*

Alle Feuer brennen nach und nach aus

Der späte Nachmittag ist eine gute Zeit. Wir sitzen auf der Bank neben der offenen Haustür. Die Marianne neben mir hat das Kopftuch ein wenig vorgezogen, „gegens Licht", meint sie, während sie die von Arthrose gezeichneten Hände der Sonne zuwendet. „Gut ist die Wärme ...", und dann nach einer Pause fährt sie fort, „brennen doch bei uns Alten die Feuer nach und nach aus."
Ich habe ihre Bemerkung verstanden und schaue mit der Nachbarin über den Gartenzaun in den Holunderstrauch, der seine Blüten schon abgeworfen hat. Erzählen und zuhören können ist ein Vorzug älterer Menschen.
„Direkt ein Brennen hab ich oft unter meinem Mieder gespürt", beginnt die Frau zu erzählen. „Als Kind schon, wenn mein Vater, er war Lehrer, in prächtiger Uniform vor seiner Musikkapelle stand und den Taktstock führte – wie vom Boden abgehoben, mächtig wie der Pfarrer, dem die Leute in der Kirche folgten, kam er mir vor. Was war ich stolz auf diesen Vater, wie gern hab' ich ihn gehalst ... und die Kirche zum Bersten voll; damals nach dem Krieg: Christkönigsfest. Ich war Jungscharführerin, stand mit der Fahne neben dem Altar: „Christus mein König dir allein schwör ich die Liebe ..." – mir brannte das Herz wie den Emmausjüngern.
Anders, aber nicht unähnlich, war's dann als Marketenderin an der Spitze der Musikkapelle in Innsbruck bei der großen Andreas-Hofer-Feier. So viele Leut', so viel' Fahnen, die glitzernden Instrumente – der Landeshauptmann, alle, so kam mir vor, sahen sie auf mich: Marschmusik und Applaus, wie fortgetragen kam ich mir vor ...
Und dann stand der Jörg vor mir und forderte mich zum Tanz auf, beim Dorffest in der Wildschönau. Das war nicht nur Liebe, das war Benommenheit, wie er mich nach einem Endloswalzer zur Barbude führte: ‚Lenele, jetzt trinken wir einen

Schnaps, wenn du willst einen süßen!' Ich kam von seinem Gesicht nicht mehr los. Blondes Haar, braune Augen und einen Körper, nix als Kraft. Das hatte ich beim Tanzen gespürt ... Aus der großen Liebe ist ein lediges Kind, aber keine Heirat geworden – ein Skandal im Dorf: Lehrers Tochter ... Das war damals noch so. Der Vater hat das nie überwunden.
Den ich dann geheiratet habe, war ein guter, stiller Mensch. Er hatte ein kleines Sägewerk, zusammen hatten wir noch drei Kinder. Meine Liebe, meine Träume habe ich in sie hineingedacht? Sie gehen andere Wege, und sie verstehen mein Geschick nicht ..."
Sie hat noch weiter erzählt. Plötzlich aber hielt sie inne, sah mich an: „Jetzt habe ich nur von mir geredet, aber wenn der Phlox vom Garten her duftet und der Talwind mir wie ein Streicheln vorkommt, dann glimmt wieder etwas von der Glut auf, die ich gerne in meine Jahre hinein hüte ..." lo

Ältere Menschen mit einem sensiblen Gewissen überkommen nicht selten Schuldgefühle, wenn sie ihr Leben überschauen. Die Vorwürfe sind verschieden: Konflikte in der Familie, Untreue, mangelnde Selbstbeherrschung, Übervorteilung von Partnern und Nachbarn ... den Beichtspiegel kann man aufzählen.
Ein Mensch in der Vollkraft der Jahre und im Streß des Alltags steckt solche inneren Vorwürfe locker weg oder vertröstet sich – „das tun alle, vielleicht mach' ich's später gut" –, um so eigenes Verhalten vor sich selbst zu rechtfertigen. Im Alter rückt das Sterben näher, und da stellt sich bei nicht wenigen ein neues, sensibleres Verantwortungsbewußtsein ein: eine neue Chance, das Schattenhafte der eigenen Lebensgeschichte aufzuarbeiten.
Einen ersten Rat gibt Bischof Reinhold Stecher durch den Hinweis auf die Wichtigkeit der lebensgeschichtlichen Demut. Der Rückblick auf das eigene Versagen könnte uns be-

scheiden, milde im Urteilen und liebenswürdig machen. „Die Demut, die ich hier meine, kommt aus dem weiten und gelösten Blick über das eigene Leben: dem Blick, der über Serpentinen zurückgeht, die einem zu schaffen machten, der auch da und dort einfängt, wo man sich verfahren hat. Ich meine hier keinen gequälten und gehetzten Blick. Es geht ja um verziehene Schuld. Ich meine es im Sinne des Augustinus: ‚Suche in Liebe zu betrachten, was nicht von Liebe zeugt, und du wirst daraus Liebe ernten ...' Für diese Art von Demut muß man alt werden." kk

„... sei freundlich mit dir selbst"

In der Kathedrale von Baltimore hat man einen alten Text aus dem Jahre 1662 gefunden. Er hat die Überschrift „Wünsche", und darin stehen auch folgende Anregungen: „Ertrage freundlich und gelassen den Ratschlag der Jahre. Gib die Dinge der Jugend mit Grazie auf ... Viele Ängste kommen aus Ermüdung und Einsamkeit. Neben einer heilsamen Selbstdisziplin sei freundlich mit dir selbst." Freundlichkeit mit sich selbst heißt auch, gütig auf die eigene Lebensgeschichte zu schauen und das Fehlerhafte darin nicht überzubewerten. Ständiges Grübeln kann krank machen. So manches, was im Leben danebengegangen ist, läßt sich nicht mehr korrigieren. Der verstorbene Angehörige ist nicht mehr da, ihm kann kein Zeichen der Zuwendung mehr geschenkt werden.

Deswegen rät Ferdinand Freiligrath:

O lieb, solang du lieben kannst!
O lieb, solang du lieben magst!
Die Stunde kommt, die Stunde kommt,
wo du an Gräbern stehst und klagst.

Das Leben jetzt nehme ich mit offenem Auge ins Visier. Ich entdecke viele Möglichkeiten, für andere dazusein. Regelmäßig besuche ich den kranken Nachbarn, der nicht mehr außer Haus kann. Zum Seniorennachmittag hole ich gehbehinderte Frauen und Männer mit meinem Auto ab und bringe sie auch wieder nach Hause. Beim Arbeitskreis „Senioren helfen einander" mache ich eifrig mit. Ich nehme alle Gelegenheiten wahr, Gutes zu tun, und mach so ein bißchen wett, was früher danebengegangen ist. Durch unseren Einsatz für die Mitmenschen läßt sich einiges aufarbeiten und doch belastet manche die eigene Lebensgeschichte so sehr, daß sie ärztliche Hilfe in Anspruch nehmen müssen. Sie gehen und holen sich Rat beim Psychotherapeuten. Dieser kann – Gott sei's gedankt – oft helfen. Manchmal wird einem Hilfesuchenden auch empfohlen, einen Priester aufzusuchen. Religiöse Schuldbewältigung kann sehr hilfreich sein, um ein neues seelisches Gleichgewicht zu finden. Das „Intimgespräch" mit Gott wird auch von guten Psychologen empfohlen: mein persönliches Versagen bespreche ich mit ihm, dazu empfehle ich die davon betroffenen Menschen und mein zukünftiges Leben seiner sorgenden Güte. *kk*

IM LEBEN ALTERN

Wir altern individuell

Altern ist ein sehr komplexer Prozeß, der Körper und Seele, mit einem Wort, den ganzen Menschen betrifft. Dieser ganze Mensch ist kein Exemplar von der Stange, er ist ein Unikat, einmalig und unwiederholbar! Dementsprechend bunt ist das Alter, und ebenso unterschiedlich sind die Menschen in der dritten Lebensphase.
Die wissenschaftlichen Aussagen über das Altern beruhen auf Untersuchungen und Beobachtungen, doch trotz der vermehrten geriatrischen Forschung liegt noch vieles im Dunkeln. Die führenden Altersforscher gehen davon aus, daß jede Art von Lebewesen nur ein bestimmtes Höchstalter erreichen kann. So billigt die Natur z.B. der Schildkröte durchschnittlich 200, dem Elefanten 100 Lebensjahre und der Eintagsfliege nur ein paar Stunden Lebenszeit zu. Das heißt, jedes Lebewesen hat seine arteigene biologische Uhr, die von Geburt an tickt, auf eine ganz bestimmte Zeit eingestellt ist und dann endgültig stehenbleibt. Eine Erklärung für die vorprogrammierte Lebenszeit finden wir in der Zellteilung. Während sich – mit Ausnahme der Nerven-, Gehirn- sowie gewisser Herz- und Muskelzellen – ein Teil der Zellen mehrmals, aber nicht unbegrenzt regeneriert, stirbt ein anderer ab.
Daß die Zahl der Zellteilungen mit der Lebenserwartung zusammenhängt, konnte man tierexperimentell nachweisen. Nach diesen Berechnungen könnte der Mensch ein Alter von 110 bis 120 Jahren erreichen. Untersuchungen haben ergeben, daß sich menschliche Zellen, noch während sie sich teilen, verschleißen. Auf der Suche nach der Ursache haben Wissenschaftler verschiedene Theorien erstellt.
Während die *„Gentheorie"* besagt, daß Gene als Träger der Erbinformationen bestimmen, wie das Programm eines Men-

schen von der Wiege bis zum Grabe abläuft, führt die *„Immuntheorie"* den Alterungsprozeß auf Defekte in unserem Immunsystem zurück. Wie sehr ein Mangel an lebenswichtigen Stoffen und falsche Ernährung den Körper beeinträchtigen, wird von der *„Ernährungstheorie"* nachdrücklich bestätigt. Für die hormonelle Steuerung wesentlicher Lebensabläufe ist die Hirnanhangdrüse zuständig. Schränkt sie ihre Arbeit ein, so machen sich – so die *„Gehirntheorie"* – im Organismus altersbedingte Veränderungen bemerkbar. Auf den engen Bezug zwischen Körper und Psyche macht die *„psychosomatische Theorie"* aufmerksam. Die Wechselbeziehung und das Zusammenspiel von Geist und Körper kann durchaus das Alter mitbestimmen.

Nun sind Theorien Lehrmeinungen, die von Einzelerkenntnissen ausgehen. Durch ihre Unterschiedlichkeit regen sie zu weiteren Forschungen an und ergeben in ihrer Gesamtheit ein vernetztes und komplexes Bild des vielschichtigen Alterungsprozesses.

> ICH HABE SO VIELE MEDIKAMENTE,
> ES FEHLEN MIR NUR NOCH DIE
> KRANKHEITEN DAZU.

Welche Folgerungen ergeben sich daraus für uns? Die Gentechnologie wird sicher neue Möglichkeiten eröffnen, wobei die ethischen Grenzen gegenüber jeder Form von Manipulation abgesteckt werden müssen. Im Rahmen der „Ganzheitsmedizin" wird auch der Immuntheorie Rechnung getragen, indem nicht Symptome bekämpft, sondern Ursachen aufgedeckt werden. Im Bereich der Ernährung gibt es zwar allgemeine Richtlinien, die allerdings individuell auf den einzelnen Menschen abgestimmt werden sollten. Sowohl die Gehirn- als auch die psychosomatische Theorie eröffnen Möglichkeiten, unser Altern direkt zu beeinflussen. Mit einer positiven Lebenseinstellung körperlich und geistig aktiv bleiben ist das Erfolgsgeheimnis Nummer Eins.

Zusammenfassend hat sich dazu Erich Schmutzhard, Professor für Neurologie an der Universitätsklinik Innsbruck, geäußert: „Es gibt keinen singulären, isolierten Prozeß, der Altern genannt zu werden verdient – keine zwei Menschen altern in exakt gleicher oder zumindest vergleichbarer Art und Weise. Allerdings erscheint es doch höchst unwahrscheinlich, daß es ein reiner Zufall ist, daß ein weites Spektrum von ‚Behinderungen', z.B. Abnahme in der Herzkreislaufreserve, der sensorischen und kognitiven Funktionen, der Immunantwort, der Resistenz gegen bösartige Tumore und degenerative Veränderungen rein zufällig bei alten Menschen, wie auch bei allen anderen alten Säugetierarten, auftreten. Sehr viele Menschen haben sich im letzten Jahrzehnt des 20. Jahrhunderts durch eigene Kraft und Initiative, unterstützt durch sich langsam entwickelnde und günstige gesellschaftliche Strukturen und getragen von zunehmendem medizinischen Wissen und Fortschritt, dem Ziel des erfolgreichen Alterns genähert, dieses Ziel erreicht und damit für sich und für andere neue Realität geschaffen. Das bedeutet – neben geistiger und körperlicher Gesundheit – vor allem akzeptiert werden durch die Umwelt und akzeptieren der Umwelt, integriert werden in die Gesellschaft und die Fähigkeit, neue gesellschaftliche Entwicklungen in sein eigenes Umfeld zu integrieren. Ein wichtiger Teil dieses erfolgreichen Alterns ist das Leben mit der ‚Weisheit' des Alters, dem Wissen und der Erfahrung von Jahrzehnten, das Mitteilen dieser Lebenserfahrung an die Mitmenschen und das Akzeptieren (dieser Lebenserfahrung) durch die Mitmenschen. Ein wesentlicher Teil des erfolgreichen Alterns besteht aber auch in der Bereitschaft, Neues zu erfahren, mobil und flexibel zu sein. Das Schönste ist, eine gesunde Neugierde bewahrt zu haben." *wg*

Begrenzungen akzeptieren

Bei allen Chancen, gesund und leistungsfähig zu altern, bleibt jedoch die Tatsache bestehen, daß zunehmendes Alter auch seine Zinsen fordert: Begrenzungen verschiedener Art sind für die meisten unvermeidbar. Es handelt sich dabei vor allem um subklinische Erkrankungen und altersbedingte Abnützungserscheinungen und Leistungseinbußen. Um diese zu akzeptieren, bedarf es einer positiven Lebenseinstellung und Bejahung des Alters. Es ist ein Zeichen unserer Zeit, daß wir machergläubig auch im medizinischen Bereich alles repariert haben möchten und zu oft unsere Anpassung an die veränderten körperlichen Gegebenheiten vergessen. *wg*

Dem Körper zuliebe

Training statt Schonung

Die motorischen Beeinträchtigungen, von denen so viele ältere Menschen betroffen sind, haben ihre Ursache eindeutig im Nichtgebrauch der Muskeln. Dieser bewirkt, daß das Gehirn es verlernt, Nervenimpulse auszusenden. Verlernen heißt aber auch, das Gehirn kann es wieder lernen – das bedarf allerdings eines bestimmten Verhaltenstrainings. Die Voraussetzung ist, daß wir unseren Körper entsprechend bewegen und dabei wieder alle Muskeln gebrauchen lernen. Krankheiten und Unfälle können freilich Schäden bringen, bei denen ein Training keine Wunder mehr wirkt, sondern parallel dazu auch der Einsatz von Medikamenten notwendig wird. *wg*

... und wandern ohne Sorgen

Was haben wir uns oft hinausgesehnt aus der lauten, heißen Stadt: in den Wald, in eine Lichtung, auf eine Arnikawiese

zwischen den letzten Wetterzirben, zu einer Quelle mit frischer Kresse, die gleichsam auf uns wartet.
Jetzt ist es endlich soweit. Nichts hält uns mehr zurück: die Kinder sind aus der Wohnung, der Mann in der Pension, der Haushalt auf Sparflamme. Doch es kommt etwas auf, was uns zurückhält, uneingestanden, heimlich. Es ist eine versteckte Faulheit, eine zunehmende Ängstlichkeit: das unsichere Wetter, eine Unpäßlichkeit, die zur Vorsicht mahnt, ein möglicher Besuch ...
Soweit darf es nicht kommen! Ich ergreife die Initiative, pack' abends den Rucksack, stelle den Wecker und in aller Früh' wird losgegangen: „Morgenstund hat Gold im Mund." Noch dazu gibt es nichts Schöneres als das Aufwachen der Natur an einem wolkenlosen Sommertag.
Wir frühstücken ordentlich und nehmen viel zu trinken mit. Der Weg ist unser Ziel. Wir wandern langsam – unterwegs mit allen Sinnen: Wir schauen, hören, riechen und spüren den Boden unter den Füßen. Margeriten, Glockenblumen und Pechnelken säumen unseren Weg, der durch den kühlen Morgen in den Bergwald führt. Es riecht nach feuchter Erde und moderndem Laub. Mit lautem Gezeter meldet sich der Eichelhäher, ich erkenne den Gimpel mit seinem weichen Pfeifton, das „Zizibäh" der Meisen, und von weither kommt der Ruf des Kuckucks. Mit uns steigt die Sonne und ihre Lichtspiele verwandeln den Wald in eine riesige Bühne mit wechselnden Kulissen. Bei der Trogschulter lichtet sich der Baumbestand. Der Weg vergesellschaftet sich im Almbereich mit dem Bach, der lautstark die Szene beherrscht.
Der Berg blüht bis tief in den Sommer hinein. Schon eine kleine Bergwanderung ermöglicht es, an einem Tag zwei Jahreszeiten zu durchwandern. Während um Lawinenreste noch Soldanellen aus dem streubedeckten Boden schlüpfen, stehen die Almwiesen im vollen Blühen: Berganemonen, Alpenklee und goldgelbes Fingerkraut, an der Trogwand die Alpenrosen

schon in leuchtendem Rot – ein Hängeteppich voller Honigduft ... *lo/tk*

Die Angst vor den morschen Knochen

In den letzten Jahren ist die Osteoporose zu einem Schreckgespenst, vor allem für ältere Frauen, geworden. Es hat sich aber auch hier gezeigt, daß regelmäßige Körperübungen den Knochenschwund verlangsamen, da ein direkter Zusammenhang zwischen Muskelmasse und dem Schweregrad der Osteoporose besteht.
Die Zufuhr von weiblichen Sexualhormonen ist neben Kalkgaben mit Vitamin D und körperlicher Aktivität nur eine von mehreren möglichen Therapien. Auffallend ist, daß Frauen, die unter dem Verlust ihrer Jugend leiden, die also das Älterwerden nur negativ sehen, besonders von Knochenschwund betroffen sind. *wg*

Und essen, was mir gut bekommt

„Von einem Viertel dessen, was wir essen, leben wir selbst und vom großen Rest leben die Ärzte", so warnte schon der berühmte griechische Philosoph Epikur. Essen ist wie Sex eine Lust, die ein Leben lang anhält. Die richtige Einstellung zur Ernährung setzt deshalb auch eine gesunde Einstellung zu allen anderen Bedürfnissen voraus. Grundsätzlich müssen drei Faktoren berücksichtigt werden. Der ältere Mensch braucht:
- weniger Kalorien
- dafür mehr Vitamine, Mineralstoffe und Enzyme
- und vor allem viel mehr Flüssigkeit

Konkret bedeutet dies: weniger Fleisch, Teigwaren und Süßigkeiten und statt dessen mehr Obst, Gemüse und Salat! Ein solcher Ernährungsplan setzt freilich eine gewisse Disziplin

voraus. Doch die Möglichkeit, in aller Ruhe seine Mahlzeiten einzunehmen und sich auch häufig gutes Essen leisten zu können, erschwert die besten Vorsätze. Wenn dann auch noch aus Langeweile gefuttert und geknabbert wird, heißt es aufzupassen. Wie sagt es der Volksmund: „In der Früh tafeln wie ein König, mittags speisen wie ein Bürger und abends nur mehr wie ein Bettler."

So kann auch das leidige Problem mit der Verdauung reduziert werden. Hier gilt: viel trinken, um die Schad- und Giftstoffe auszuscheiden. Ansonsten lautet die Devise, mit einfachen und unschädlichen Mitteln nachzuhelfen, von denen es eine ganze Reihe gibt. *wg*

Wenn der Schlaf nicht kommen will

Die herkömmliche Gewohnheit, nach der Uhr zu schlafen, ist zwar allgemein verbreitet, aber kein Muß. Ältere Menschen brauchen weniger Schlaf. Wer also häufig nachts erwacht, braucht sich nicht schlaflos im Bett zu wälzen. Am besten ist es, man steht auf, liest oder tut etwas, und geht wieder zu Bett, wenn sich die Müdigkeit einstellt. Den verlorenen Schlaf kann man auch untertags nachholen, unter Umständen braucht man ihn überhaupt nicht. Wer allerdings vor dem Fernseher schläfrig wird, sollte schleunigst ins Bett, sonst hat er die Einschlafschwierigkeiten selbst vorprogrammiert. Die sogenannte „senile Bettflucht" und das Gegenstück dazu, der „Senioren-Winterschlaf", sind mehr schlechte Lebensgewohnheit als Altersschicksal. *wg*

Auch die Technik leistet gute Dienste

Körperliche Mängel lassen sich häufig durch technische Hilfsmittel verringern, teilweise beheben. Wer sich schämt, die Hilfen in Anspruch zu nehmen, schadet sich nur selbst.

Da gibt es Hörgeräte, die heute bereits winzig klein sind und kaum mehr auffallen: sie können vor zunehmender Isolation bewahren.

Die Brille gehört schon lange zum Repertoire unserer Zeitgenossen. Sie regelmäßig der fortschreitenden Sehschwäche anzupassen, ist notwendig, will man nicht auf die tägliche Zeitung verzichten. Aber auch Großdruckbücher und Lesehilfen erhalten uns das Buch als einen besonders treuen Freund im Seniorenalltag.

Der Stock gehört zur herkömmlichen Illustration des Alters. Er macht uns trittsicher und verhindert oft einen Sturz mit fatalen Folgewirkungen. Halterungen und Griffe im Bad und in der Toilette sowie altersgerechtes Mobilar erleichtern das tägliche Leben um ein Beträchtliches.

Viel mehr als übliche körperliche Gebrechen belasten manche Senioren Beschwerden psychischer Natur. Wie wichtig es ist, rechtzeitig und ohne Scheu dagegen etwas zu unternehmen, versucht der folgende Beitrag aufzuzeigen. *wg*

Vom positiven Umgang mit Störungen im Alter

Die Altersdepression – Möglichkeiten der Heilung und der Linderung

„Die Depression kroch mir den Rücken hinauf. Mein Selbstwertgefühl fiel lautlos in sich zusammen, und zurück blieb das verzweifelte Bedürfnis, mich zu verstecken oder wieder alles gut zu machen." So beschreibt eine Frau treffend den Beginn ihrer Depression. Der lateinische Wortstamm „deprimere" deutet bereits auf das Wesentliche hin: niederdrücken/unterdrücken/zusammendrücken.

Unter „Depression" versteht man im medizinischen Bereich eine Erkrankung des Gemütes, der Seele (griechisch: „Psyche"), die mit typischen Symptomen einhergeht, längere Zeit anhält, auch phasenweise wiederkehrt und die Betroffenen in einen niedergedrückten und sehr schmerzlichen Leidenszustand versetzt. Die gesamte Beziehungsfähigkeit wird dabei beeinträchtigt, die Anpassung an die Lebensanforderungen kann nicht mehr bewältigt werden, und manchmal erfolgt ein regelrechter körperlich-geistig-seelischer „Zusammenbruch". Die Weltgesundheitsorganisation WHO schätzt, daß zehn bis zwanzig Prozent der Bevölkerung irgendwann einmal im Leben eine depressive Krise erleiden. Dies bedeutet eine große Herausforderung an das Gesundheits- und auch an das Sozialwesen.

„Die Depression höhlte mich aus und nahm mir mein Seelengerüst weg, daß ich es deutlich fühlen konnte." Diese bildliche Schilderung läßt deutlich werden, wie sehr das gesamte seelische Erleben davon betroffen wird. Zusammenfassend kann man folgende Symptome bündeln:
- Traurigkeit, Ängste, Minderwertigkeits- und Ohnmachtsgefühle
- Körperliche Beschwerden verschiedenster Art, auch ohne Befund
- Verlangsamung oder Übererregung der Bewegung/Mimik/Sprache
- Quälende Gedanken, Grübelei, Angst vor der Zukunft
- Langsamer, fast unauffälliger sozialer Rückzug bis zur Isolation

Die Altersdepression wurde früher meist „Involutive Depression" genannt (involvere = einhüllen, rückbilden) und mit dem Alterungsprozeß gleichgesetzt. Nachdem jedoch durch die heutige höhere Lebenserwartung zunehmend mehr Menschen betroffen sind, hat sich auch die Forschung und Behandlungsmöglichkeit wesentlich weiterentwickelt.
Der ältere Mensch wird unweigerlich öfter mit Verlusterlebnissen wie Tod des Partners bzw. der Partnerin oder anderer

Familienangehöriger konfrontiert als Jüngere, und auch seine psychischen Anpassungsfähigkeiten und Verarbeitungsweisen verringern sich. Auch beruflicher Abschied, Wohnungswechsel, finanzielle Sorgen oder drohender Altersheimaufenthalt werden oft schlecht verkraftet und können die depressive Krise auslösen. Die Abnahme körperlicher Leistungsfähigkeit, Abnahme des Hör- und Sehvermögens oder Bewegungseinschränkung verunsichern und mindern sein Selbstwertgefühl. Nicht selten flackern Generationenkonflikte zwischen Jung und Alt, Eltern und Kindern wieder auf und machen das Zusammenleben schwer, sodaß häufig auch Selbstmordgedanken als letzte Lösungsschritte auftauchen. *cb*

„Ich weiß nicht mehr, was mit mir los ist"

„Ich weiß nicht mehr, was mit mir los ist. Früher freute ich mich stets auf den Wechsel der Jahreszeiten, besonders den Frühling konnte ich nach den kalten Wintermonaten kaum erwarten. Und nun hat sich das total geändert. Regelrecht Angst habe ich jetzt vor dem Frühling, denn dann kommen wieder diese scheußlichen Zustände mit Ängsten, Unruhe und quälenden Gedanken, sodaß ich weder schlafen noch zur Ruhe kommen kann." So klagt ein ca. fünfzigjähriger Mann seinem Arzt, der jedoch hellhörig genug ist, um hinter dieser Schilderung eine periodisch wiederkehrende Depression herauszuhören und die entsprechende Therapie zu verordnen.
Die Ursachen von Depressionen sind immer vielfältiger Natur, man spricht daher auch von multifaktoriellen Bedingungen. Das bedeutet, daß sich mehrere Gründe wechselseitig bedingen. Diese ganzheitliche Sicht entlastet auch die Betroffenen selbst, weil sie sich oft selbst für ihr Kranksein schuldig fühlen und sich deshalb zunehmend selbst entwerten. *cb*

Schon mein Großvater litt unter Depressionen

Die Erbanlage spielt natürlich wie bei anderen Erkrankungen eine Rolle, je nachdem, um welche Depressionsform es sich handelt etwas mehr oder weniger. „Schon mein Großvater und meine Tante neigten zu Depressionen", wußte ein Patient seinem Arzt zu berichten. Allerdings konnten für die Altersdepression diesbezüglich keine speziellen Ergebnisse gefunden werden.   *cb*

... sie stören das reibungslose Zusammenspiel

Biochemische Faktoren sind besonders innerhalb des Gehirn-Stoffwechsels ganz entscheidend für das gesunde „Schalten" der Nervenbahnen und der Verbindungszellen im menschlichen Gehirn.
Mangel an bestimmten Substanzen, Nährstoffen und Hormonen stören das reibungslose Zusammenspiel und sind dann wesentliche Mitverursacher von depressiven Gefühlszuständen. Dies trifft ganz besonders im Alter zu, in dem an und für sich schon bestimmte Hormone fehlen.   *cb*

Wechseljahre sind besondere Krisenzeiten

Frauen erleben im Laufe ihres Lebens durch die ständigen, zyklischen Hormonveränderungen in ihrem Körper immer wieder Stimmungsschwankungen und leiden deshalb doppelt so häufig an Depressionen wie Männer. Menstruation, Schwangerschaft, Geburt, Stillzeit sowie die Wechseljahre sind deshalb auch jeweils besondere Krisenzeiten. Im Klimakterium müssen Frauen einerseits den Verlust der Fruchtbarkeit und die abnehmende körperliche Attraktivität seelisch verkraften, wobei gerade letztere in unserer so modeorientierten Zeit einen starken gesellschaftlichen Druck erzeugt.   *cb*

Die Großfamilie – die Kleinfamilie

„Ich bin in einer Familie mit zehn Kindern aufgewachsen. Da war was los! Auch Streit gab es. Aber in Krisensituationen war der eine für den anderen da." So schilderte ein Fünfundsechzigjähriger seine Jugendjahre.
In Europa hat sich in den letzten 20 bis 30 Jahren ein sehr starker Wechsel von der Großfamilie mit mehreren Generationen unter einem Dach hin zur Kleinfamilie mit nur geringer Kinderzahl vollzogen. So entstand zunehmend Vereinsamung und Überlastung auf beiden Seiten: junge Eltern sind genauso wie ältere Alleinstehende isoliert und können sich nicht mehr gegenseitig beistehen und gefühlsmäßig stützen. Auch die Überlastung von Frauen durch die Haushalts- und Erziehungstätigkeit fördert das Auftreten von depressiven Krisen. *cb*

Lebensereignisse

„Dabei hätte ich mich so gefreut auf meine Pension ...", erzählt ein engagierter Lehrer, „endlich viel Zeit haben und all das tun können, wozu ich während der Dienstjahre kaum Zeit hatte. Aber schon nach ein paar Monaten kam es ganz anders: ich wußte nicht, was mit der ganzen Zeit anfangen. Niemand wollte mehr belehrt werden, meine Frau in ihrem Haushalt am allerwenigsten. Ich wurde ihr zunehmend lästiger mit meiner Unruhe und ständigen Suche nach Anerkennung und Beschäftigung. Ich wurde immer mißmutiger, unsicherer und hatte das Gefühl ins Nichts zu fallen."
Belastende Lebensereignisse sind einer der häufigsten Auslöser einer Depression, wobei es nicht nur um Unfälle, Todes- oder Verlusterlebnisse geht, sondern auch sogenannte „freudige Anlässe" werden nicht immer seelisch gut verdaut. So kann der Umzug in ein neugebautes Haus zwar anfänglich

Freude machen, sich aber dann durch die Entwurzelung aus der bisher vertrauten Umgebung und Nachbarschaft als Auslöser für eine depressive Krise entwickeln. Ebenfalls kann die Pensionierung zwar anfänglich lustvoll erlebt werden, jedoch dann durch den Mangel an Anerkennung und den fehlenden Sinn eine echte Depression hervorrufen. *cb*

„Manchmal ist es zum Davonlaufen!"

„Meine Frau ist seit 20 Jahren krank. Sie ist in den letzten Jahren immer schwermütiger geworden. Manchmal ist es zum Davonlaufen!" Der geplagte Mann äußerte sich bei einem Stehkaffee in der Pause einer Bildungsveranstaltung.
Die großen Fortschritte der Medizin bringen es mit sich, daß sehr viele Menschen mit chronischen Krankheiten leben können. Unheilbare Erkrankungen an Niere, Herz, Bewegungsapparat oder Tumoren zwingen die Betroffenen, sich nur mit Linderung ihrer Beschwerden, nicht jedoch mit Heilung abzufinden. Daß dies natürlich das gesamte Menschsein und die Beziehungsfähigkeit belastet und somit eher zu Schwermut und Resignation verleitet, ist mehr als verständlich. So passiert es sogar, daß gerade wegen der chronischen Erkrankung, deren Symptome oft deutlicher sind, eine schleichende Depression lange Zeit übersehen und deshalb oft viel zu spät erkannt und entsprechend behandelt wird. *cb*

Das Leben hat einen Sinn

„Tausend Verkehrspolizisten können euch nicht sagen, woher ihr kommt und wohin ihr geht." Mit diesem Satz weist Thomas Stearns Eliot auf die zentralste Frage im Leben hin. Die Frage nach dem Sinn nimmt letztlich einen wichtigen Platz ein: bei der persönlichen Lebensgestaltung und schließlich Annahme der eigenen Endlichkeit. Krankheit, Behinderung,

Leid und Tod stellen uns Menschen immer wieder die Sinnfrage und zwingen uns, brauchbare und glaubwürdige Antworten zu finden, die sich allerdings durch zunehmende Reife und Erfahrung verändern können. Für Depressionen anfälliger sind verständlicherweise Menschen, die sich schwer damit tun, für sich passende Antworten und Sinngebung zu finden. Was jedoch nicht ausschließt, daß auch ein lebensfroher, zuversichtlicher Mensch in der Phase des Älterwerdens in eine depressive Krise gerät. *cb*

Stimmungsschwankungen in älteren Tagen

Er war jetzt nicht mehr wiederzuerkennen, der fünfundsiebzigjährige Mann. Heiter und zu jedem Spaß aufgelegt, hatte er sich all die Jahre gezeigt. Heute habe ich ihn besucht, und da bat er mich zum Schluß: „Komm bald wieder, mich zu trösten."
Der Altersdepression soll besondere Aufmerksamkeit zugewandt werden, weil sie häufig schleichend und unerkannt beginnt, mit vielgestaltigen Symptomen und wechselnd im Verlauf.
Beginnende depressive Zeichen sind Stimmungsschwankungen, Leistungsverlust und Rückzugstendenzen. Wogegen bei einer beginnenden Altersverwirrtheit oberflächliche, unangemessene Gefühlsreaktionen, falsche Antworten und gleichmäßig erhebliche Einschränkungen der verschiedenen Leistungen typisch sind. Auch eine Tendenz, Ausfälle zu überspielen, ist oft feststellbar.
Eine klare Unterscheidung der beiden Störungen – Depression und Verwirrtheit – ist wichtig, um den richtigen Weg des Helfens zu entdecken.
Ein typisches Merkmal bei der Depression besteht weiters darin, daß sich das Befinden nach einem morgendlichen Tief bis zum Abend häufig bessert.

Sie redete ihrem schwermutsgeplagten Onkel immer wieder zu: „Reiß dich doch zusammen, gib dir einen kräftigen Ruck, du kannst es doch!" Leider übersah die Gute, daß ihm die Kraft hierfür fehlte. Die vielen Möglichkeiten, wie Energie freigeschaufelt werden kann, kannte sie nicht. Wie können wir uns selbst und anderen Menschen helfen, mit Schwermut und Depression umzugehen? *cb*

> DIE GLEICHGÜLTIGKEIT IST EINE LÄHMUNG DER SEELE, EIN VORZEITIGER TOD.
> Anton Tschechow

Wenn die Eßlust mich überfällt

„Wie fühle ich mich?" Jeder Mensch soll sich dazu immer wieder ein paar Minuten Zeit nehmen zum Spüren und Fühlen. Als nächstes stellt sich dann die Frage: „Was möchte ich?", die jedoch rasch in Zusammenhang mit „Was tut mir gut?" gestellt werden soll. Denn sehr oft verdrängen wir durch Essen, Naschen, Aufputschmittel wie Kaffee und Alkohol die aufsteigenden Gefühle von Unlust und Einsamkeit. Dahinter aber steckt häufig der elementare Wunsch nach Kontakt, Angenommen- und Ernstgenommenwerden durch die Mitmenschen. Es sollte für gesunde und vitaminreiche Kost sowie genügende tägliche Bewegung in der frischen Luft gesorgt werden. Das Sonnenlicht hat einen entscheidenden Einfluß auf die Gehirntätigkeit und erklärt die Zunahme von Depressionen in den sonnenarmen Zeiten. Meist sind es die sozialen Kontakte, die im Alter geringer werden und folglich ganz bewußt gesucht werden müssen. Sei es in der Nachbarschaft, Verwandtschaft oder im Freundeskreis als auch durch neue Kontakte in Gruppen, Vereinen oder Seniorentreffs.

Die Nachbarn urteilen mit ihrem gesunden Hausverstand: „Dem geht es so schlecht, und er baut ganz schnell ab, weil er sich selbst isoliert hat." Nun muß man sich auch die Frage stellen: „Was tut mir gut, und was kann ich dazu beitragen?" Dazu muß manchmal ganz ehrlich Bilanz gezogen werden über Rechte und Pflichten, um dadurch Überforderung oder Ausnützen klar zu erkennen, gerade der depressive Mensch braucht nicht noch mehr Bescheidenheit, Verzicht oder Verzeihen üben, sondern muß manchmal mehr auf seine Rechte pochen und sich selbst wieder erlauben, zu genießen und Gutes für sich zu beanspruchen. „Liebe deinen Nächsten wie dich selbst!" Und so muß jeder bei sich selbst anfangen und vielleicht den gängigen Leitsatz „Alles oder nichts" kritisch hinterfragen zugunsten einer gesünderen Einstellung des „Sowohl als auch".

DER MENSCH IST DES MENSCHEN BESTE MEDIZIN. Afrikanisches Sprichwort

Das richtige Maß an Arbeit und Erholung, Anspannung und Entspannung ist nicht leicht zu finden, weil es für jeden Menschen unterschiedlich ist. Jedoch sind täglich Ruhepausen und wöchentlich wiederkehrende Freizeitgestaltungen gerade für den älteren Menschen ein hilfreicher Raster, um sich nicht gehen zu lassen. Die Ermutigung, Neues zu versuchen und eventuell alte, langgehegte Wünsche zu erfüllen, findet häufig guten Anklang. Sei es musische oder kreative, geistige oder soziale Beschäftigung, auf jeden Fall aber soll diese Lust Freude und Zufriedenheit bringen und bringt vielfach in der Folge auch soziale Anerkennung oder Honorierung. Aus einer Untersuchung geht hervor, daß Senioren wesentlich weniger psychische Störungen als auch körperliche Beschwerden aufweisen, je mehr soziale Kontakte sie haben. 64 Prozent der Senioren über 65 Jahren, die an Depressionen leiden, haben nur bis zu 20 Sozialkontakte im Monat. Hingegen sind nur zwölf Prozent jener Senioren betroffen, die auf ca. 120 soziale Kontakte im Monat kommen. *cb*

Die Lebensfreude wiedergewinnen

Theodor Fontane beschreibt einmal seine Strategie, mit schweren Stunden zurechtzukommen. Obwohl seine Situation manche als verzweifelt ansähen, meint er, daß man – wie und wo man auch durch die Jahre geht – „allerorten die Musik des Lebens hört. Die meisten hören nur die Dissonanzen."
Beratung wird dann nötig, wenn man sich selbst nicht mehr aus dem depressiven Zustand heraushelfen kann, was bedeutet, zur eigenen Schwäche „ja" sagen zu können und zur Einsicht zu kommen: „Ich darf, kann und muß mir helfen lassen!" Dazu können auch Freunde und Angehörige ermutigen und manchmal müssen sie sogar richtig drängen oder einfach einen Arzttermin fixieren, sozusagen „Hilfs-Ich" übernehmen, weil der Depressive sich dazu nur schwer aufrafft. Beratungsgespräche können beim Hausarzt, in Beratungsstellen oder Privatpraxen von Psychologen, Psychotherapeuten in Anspruch genommen werden, aber auch gute Freunde, die selbst vielleicht depressive Krisen durchgestanden haben, können wesentliche Unterstützung oder Empfehlungen geben – allerdings sollten Fachleute konsultiert werden.
Eine Therapie sollte entsprechend der Ganzheit von Körper, Seele, Geist und sozialem Umfeld die ganze Person im Auge haben. Manchmal ist anfänglich sogar ein Aufenthalt im Krankenhaus notwendig zur entsprechenden medikamentösen Behandlung, die erst einmal vordergründig ist, um dann anschließend oder überlappend mit Psychotherapie fortzufahren. Ganz entscheidend jedoch ist die Soziotherapie, wobei die Angehörigen miteinbezogen werden, um den Patienten aus der sozialen Isolation herauszubekommen und schrittweise

wieder in das soziale Netz zu integrieren. Hier ist dann die enge Zusammenarbeit zwischen den behandelnden Psychiatern und anderen Betreuungspersonen von entscheidender Bedeutung, mit dem gemeinsamen Ziel, die Krise zu überwinden, Heilung zu ermöglichen – ein oft langer und mühsamer Weg, manchmal auch von Rückfällen unterbrochen. Am Ende des schmerzlichen Prozesses steht jedoch immer ein Wiedergewinn von Lebensfreude, Zufriedenheit und viel bewußterem Umgang mit der neugeschenkten Lebensphase. Meist ergibt sich daraus auch ein neuer Sinn für den Genesenden, und nicht selten eröffnet sich nach der schmerzlichen Phase der Gottferne während der Depression, unter der selbst gläubige und praktizierende Menschen besonders leiden, ein viel tieferes und tragenderes Glaubensleben.

„Die Depression hat mir die Flügel gestutzt auf meiner Jagd nach Leistung und Erfolg und mich Bescheidenheit gelehrt. Sie hat mich zum Innehalten und Überdenken meines Lebens gezwungen." Zu dieser tiefen Erkenntnis kam eine Frau im rückblickenden Nachdenken über ihre depressive Erkrankung, und sie fand anschließend den Mut, den langdauernden Krankheitsprozeß als auch den befreienden, mühevollen Weg der Heilung in Buchform niederzuschreiben als Anregung, Ermutigung und Hilfestellung für all die noch leidenden Mitmenschen. *cb*

Sexualität und Partnerschaft im Alter

Zur herkömmlichen Tabuisierung der Sexualität bei älteren Menschen, die sie aus einer traditionellen Einstellung übernommen haben, kommt noch eine – gerade heute – fast groteske Diskriminierung durch das gesellschaftliche Umfeld. Vermutlich wird sich erst eine spätere Seniorengeneration in natürlicher Selbstverständlichkeit ihrer Sexualität erfreuen

können. Grundsätzlich gilt vom Sex im Alter, was für die körperliche und geistige Leistung allgemein zutrifft: Wird er nicht gebraucht, verkümmert er.

Nun hat beim Mann Sexualität immer etwas mit Leistung zu tun. Ist es da verwunderlich, daß er bereits ab dem 50. Geburtstag mit steigender Unsicherheit das Nachlassen seiner Potenz beobachtet. Dabei hat Impotenz selten etwas mit dem Alter zu tun. Man kann heute davon ausgehen, daß die Potenz des Mannes, vor allem aber seine Zeugungsfähigkeit, erst mit seinem Tod erlischt. Dagegen ist die irrige Meinung, daß Frauen jenseits der Wechseljahre keine vollwertigen Sexualpartnerinnen mehr sein können, nach wie vor bei beiden Geschlechtern verbreitet. Der Grund dafür ist in der permanenten Rollenfixierung – Gebären und Erziehen – zu suchen. Dabei sind die lustanregenden Hormone (Gestagen und die Hormone der Nierennebenrinde) nach dem Wechsel sogar verstärkt vorhanden. Sex ohne Angst, das klingt reißerisch, ist aber eindeutig ein Vorzug des Alters und trägt wesentlich zur Qualität des Liebeslebens bei. Qualität geht vor Quantität! Nicht die Häufigkeit ist das Maß, sondern die Qualität bestimmt die Tiefe der Empfindungen. So kann Sexualität auf einer reifen Ebene intensiver, für beide Partner glückhafter genossen werden.
wg/lo

In einem neuen Selbstbewußtsein

Viele ältere Menschen haben sexuelle Probleme. Eine verspätete Aufklärung hilft ihnen dabei aber weniger als eine Aufmunterung in Richtung Selbstbewußtsein. Auch in dieser Beziehung müssen sich Senioren vermehrt ihrer Eigenständigkeit, ihrer Freiheit und ihrer Leistungsfähigkeit bewußt werden und daraus ihre Einstellung verändern. Es besteht kein Grund, das heißt, es wäre abwegig, sich als älterer

Mensch seines Geschlechtstriebes oder etwa gar seiner Lustgefühle zu schämen. Wir müssen weder unsere Kinder um Erlaubnis fragen, noch die Umwelt um Entschuldigung bitten, wenn wir mit 60 Jahren oder älter noch eine neue intime Bindung eingehen.

Und doch sind die „Bettgeschichten" vieler älterer Leute durch Mißverständnisse und Fehlverhalten nicht selten zu Leidensgeschichten geworden. Sie haben nie gelernt, über intime Dinge, über das, was sie wünschen oder nicht mögen, offen mit dem Partner zu reden. Das Nicht-miteinander-reden-Können ist die Tragik, die Partnerschaften, Familien und Freunde auseinanderbringt. Junge Leute tun sich dabei leichter, sie sind viel freier aufgewachsen. Kommunikation wird heute großgeschrieben: das offene Gespräch in der Familie, im Betrieb, mit dem Arzt und dem Geistlichen. Dabei meint man nicht die belanglose, unterhaltsame Konversation, sondern das Offenlegen von Meinungen, Einsichten, aber auch von Konflikten. Das erfordert Mut und Takt, wobei Selbsterkenntnis und die Wertschätzung, zumindest die Akzeptanz des Partners, Voraussetzung sind. *wg*

Kann man das Miteinander-Reden auch im Alter noch lernen?
„Wir sind schon lange und gut verheiratet. Aber zwischendurch gibt es auch Meinungsverschiedenheiten, Streit, und dann nimmt's mir meine Frau übel, dreht mir im Bett den Rücken zu und, was schlimmer ist, am nächsten Tag ist ‚Stummfilm', und der läuft, bis ich zur Versöhnung antrete. Dabei ärgert sich meine Frau über dieses Blockiertsein. Dies war der Grund, daß sie sich zu einer Erholungswoche anmeldete, bei der es auch um das Miteinanderreden ging. Mich hat sie zum Mitgehen überlistet: Eine Unterkunft in schöner Gegend, ca. dreißig gleichaltrige Teilnehmer, mehr Frauen als Männer, und eine Leiterin, die uns nicht nur in Stimmung, sondern auch zum Reden brachte. Wir sprachen zu zweit, in

Gruppen und dann alle wieder miteinander und haben in dieser Woche ein Dutzend Tabus gebrochen. Seitdem reden wir offen über alles." (Franz, 66 Jahre)

Dieser Beitrag zeigt eine von vielen Möglichkeiten, die es uns erleichtern, die durch Erziehung und Konvention errichteten Mauern der Sprachlosigkeit zu überwinden.

Warum Partnerschaft und Dialog für den Menschen jeglichen Alters wichtig sind, erklärt der berühmte Fabeldichter Aristophanes mit einer Legende, die er bei einem Gastmahl des griechischen Philosophen Platon erzählte: Zeus, der Vater der Götter und Menschen, schuf ursprünglich einen vollkommenen Erdenbürger. Mit zwei Gesichtern, je vier Beinen und Armen konnte er nach allen Seiten zugleich agieren. Als er sich hochmütig den Göttern widersetzte, schickte Zeus Apollo, der den Kugelmenschen mit dem Schwert in zwei Hälften teilte. Seither, so folgerte Aristophanes, ist der Mensch ein halbierter, auf die zweite Hälfte, auf ein Du angewiesen.

Jeder von uns kennt das Bedürfnis nach einem „Du", das unter anderem in einer gelungenen Partnerschaft, getragen durch Sympathie und Respekt, seine Erfüllung finden kann und weit mehr bedeutet als rein körperliche Liebe, die nur eine Seite befriedigt. So ist für ältere Menschen der Verlust des Partners das größte Unglück. Dabei sind verwitwete Männer erfahrungsgemäß hilfloser der Vereinsamung ausgesetzt als Frauen. Um dieser Isolation zu entfliehen, neue Kontakte zu knüpfen und gesellschaftliche Vorbehalte zu überwinden, braucht es Selbstbewußtsein und Mut.

„Wir sahen uns fallweise, ohne uns zu kennen. Mir gefiel der großgewachsene Mann, und ich fand bald heraus, daß er verwitwet und kinderlos war. Seit mein Sohn mit seiner Familie in Amerika lebte, fühlte ich mich einsam. Klagte ich meiner Freundin über das Alleinsein, bekam ich immer dieselbe Antwort: ‚Schau dich um, such dir einen Freund!' – Ich wagte es, sprang mitten ins Abenteuer und sprach den inter-

essanten Mann im Kaffeehaus an. Das Gespräch lief stokkend, mir klopfte das Herz bis zum Hals, doch dann fanden wir Gemeinsamkeiten. Auf dem Heimweg, Herr Hansen begleitete mich, kam eine gewisse Vertrautheit auf. Wir sind gute Freunde geworden, und etwas von einer späten Liebe ist zwischen uns aufgebrochen. Vor einem halben Jahr hat für uns ein neues Leben begonnen ... " (Cornelia, 67 Jahre)

Jeanne Moreau, eine bekannte französische Filmschauspielerin, hat es zeitlos gültig formuliert: „Alter schützt vor Liebe nicht, aber Liebe schützt bis zu einem gewissen Grad vor Alter."

lo

Im Alter kompetent bleiben

Kompetenz großgeschrieben

Das heute soviel strapazierte Wort „Kompetenz" kommt vom lateinischen „competere" und bedeutet soviel wie „Zuständigkeit" und „Befähigung". Was sich hinter diesen beiden unscheinbaren Worten verbirgt, merkt man spätestens dann, wenn einem die Gesellschaft in dem einen oder anderen Lebensbereich eben nicht mehr für kompetent hält. Und wem läßt sich Zuständigkeit und Befähigung leichter absprechen als älteren und alten Menschen? Das beginnt mit gut gemeinten Wünschen, im wohlverdienten Ruhestand auch wirklich auszuruhen, setzt sich in den vielen guten Ratschlägen für eine altersgemäße Freizeitbeschäftigung fort und zieht sich wie ein roter Faden durch das fürsorglich aufgebaute Sozialnetz der Rundum- und Totalversorgung für Senioren. *sh*

Umdenken ist angebracht

Natürlich sind Hilfsorganisationen für eine Reihe von kranken und körperlich behinderten alten Menschen, die Hilfeleistung von außen brauchen, lebensnotwendig.
Trotzdem oder gerade deshalb werden in letzter Zeit von Vertretern karitativer und sozialer Institutionen immer wieder Vorschläge, Anregungen und Projekte eingebracht, die vom betreuenden Element deutlich abrücken. Wesentlich erscheint es nunmehr, die Eigenmotivation der einzelnen zu wecken, zu fördern und dadurch bisher brachliegende Kräfte zu aktivieren. Das bedeutet, daß man auch und gerade im Rahmen der institutionellen Arbeit künftig mehr auf Partnerschaftlichkeit setzt.
Ein achtundsiebzigjähriger Pensionist, der zwar dankbar das „Essen auf Rädern" annimmt, sonst aber auf seiner Eigen-

ständigkeit besteht, bringt es resolut auf einen Nenner: „Ich habe immer mehr das Gefühl, daß man uns Alten einfach zuwenig zutraut. Wir sind doch keine Kindergartenkinder, die eine spezielle Führung brauchen. Die Essensversorgung nehme ich gerne in Anspruch, aber sonst lasse ich mir meine Selbständigkeit und meine persönliche Kompetenz nicht schmälern!" *sh*

„Es ist der Geist, der sich den Körper baut"

Was Friedrich von Schiller mit diesem Ausspruch vor ca. 200 Jahren meinte, gilt auch heute noch. Wer glaubt, daß zunehmendes Alter automatisch Hand in Hand mit körperlichem Verfall und vor allem geistigen Abbau geht, irrt gewaltig. Und das alte Sprichwort vom Hans, der's nimmermehr lernt, sollten wir durch ein Zitat der Marie von Ebner-Eschenbach ersetzen: „Der Hans, der etwas erlernte, was Hänschen nicht gelernt, der weiß es gut." Es ist wissenschaftlich schon längst erwiesen, daß die intellektuellen Fähigkeiten beim gesunden Menschen etwa bis zum 67. Lebensjahr ohne Leistungsabfall erhalten bleiben.
Aber bei allem angesagten Optimismus, die Tatsache, daß man hin und wieder etwas vergißt und sich auch Namen nicht mehr so leicht merkt, irritiert und – gestehen wir es ein – beunruhigt uns. *sh*

Wo ist die Lesebrille?

Wo ist sie nun tatsächlich die Lesebrille, wo liegt der Schlüsselbund, und wo ist der Einzahlungsbeleg für die Telefonrechnung geblieben? Kommen sie Ihnen nicht bekannt vor, die mit Stoßseufzern verbundenen Fragen, die – es läßt sich leider nicht leugnen – den durchschnittlichen Seniorenalltag prägen? Jedoch, und das sei Ihnen ein Trost, sind diese Erfah-

rungen durchaus nicht nur älteren Menschen vorbehalten, im Gegenteil!

Ich denke nur an die verschwundenen Schülerausweise, die zeitweise verlorenen Fahrradschlüssel und die unauffindbaren Hausübungshefte meiner Kinder. Oft bemüht sich dann die Oma, mit viel mehr Geduld als Enkel und Tochter, durch konkretes Fragen und analytisches Denken als „Fünfzehnter Nothelfer". Wenn sie dann unsere Dankeslitaneien mit dem Hinweis: „Ich habe da so meine Erfahrungen!" abwehrt, spätestens dann ist mir wieder einmal klargeworden, wieviel uns Oma trotz oder gerade wegen ihrer vorgerückten Achtzig an Genauigkeit, Beständigkeit und Erfahrung voraus hat.   *sh*

Positive Aspekte

Es gibt eine Reihe von Fähigkeiten, die mit zunehmendem Lebensalter nicht nur erhalten, sondern sogar – je nach persönlicher Möglichkeit – gesteigert werden können. So z.B. Zuverlässigkeit, Erfahrung, Urteilsvermögen und die Bereitschaft zur Zusammenarbeit: alles Eigenschaften, die bei vielseitigen Arbeits- und Hilfseinsätzen der Senioren den Mitmenschen zugute kommen können.

„Sie sehen es selbst, es gibt viele Bereiche, für die wir nicht nur kompetent, sondern geradezu unentbehrlich sind." So ist die Bemerkung eines älteren ehrenamtlich tätigen Roten-Kreuz-Helfers zu verstehen, der anläßlich einer offiziellen Ehrung dem gratulierenden Politiker mit den Worten: „Ich weiß, was ich wert bin!" die belobigende Rede aus dem Mund nahm.

Wie kommt aber nun die Oma zu ihrer Brille? Befragt, wie sie es denn zustande bringt, verlegte und verschwundene Gegenstände wiederzufinden, verriet Oma ihre Vorgangsweise: „Ich versuche einfach, mich an den Moment, in dem ich z.B. die Lesebrille das letzte Mal hatte, zu erinnern und rekonstruiere schrittweise ohne Nervosität und Ärger, was ich seitdem gemacht habe – und irgendwie funkt's dann!" *sh*

Gehirnjogging

Was Gedächtnismängel, verlangsamte Auffassungsgabe und das Nachlassen geistiger Wendigkeit betrifft, so ist das Gehirn oft zu wenig gefordert.
„Gehirnjogging" ist laut neuesten Untersuchungsergebnissen die wirksamste Methode, sich bis ins hohe Alter geistige Regsamkeit und Präsenz zu erhalten. So sagt der Physiologe Wolf Singer vom Max-Planck-Institut in Frankfurt: „Je mehr man das Hirn trainiert, desto leistungsfähiger und flexibler wird es." So wie wir unsere Muskeln durch gezielte Bewegung stärken, können wir auch unsere geistige Leistungsfähigkeit aktivieren.
Setzten wir unseren „geistigen Leistungspegel" aber nicht zu niedrig an. So ist z.B. das Studium der Fernsehzeitung für die Steigerung unseres Denkvermögens weniger wirksam als der Versuch, die täglichen Abendnachrichten in Kurzfassung niederzuschreiben und sich beim nächsten Nachrichtenblock selbst zu kontrollieren. Lassen Sie sich nicht gleich entmutigen, denn hier ist das Sprichwort von der Übung, die den Meister macht, tatsächlich zutreffend. *sh*

Leitungen, die man nicht mehr benützt, rosten

Wie heißt es bei Marie von Ebner-Eschenbach? „Die Summe unserer Erkenntnisse besteht aus dem, was wir gelernt, und aus dem, was wir vergessen haben." Doch damit geben sich nur wenige zufrieden, Gedächtnistraining und Hirnjogging sind eingeplant. Ein älterer Herr in einem Seniorenwohnheim drückte die negativen Folgen der Bequemlichkeit recht drastisch aus: „Leitungen, die man nicht mehr benützt, rosten."

Man kann es kaum glauben, mit wieviel Einfallsreichtum und vor allem mit welcher Konsequenz zahlreiche Senioren wahre „Fitneßprogramme" für den Geist erstellt haben. So bin ich im Laufe von Gesprächen und Interviews auf zum Teil recht eigenwillige Methoden gestoßen, mit denen ältere und alte Menschen ihr Gedächtnis in Schwung halten.

Besagter Herr, der von den rostigen Leitungen sprach, schwört auf „Kreuzworträtsel-Lösen", einem Hobby, dem er schon während seiner Berufszeit frönte. Jetzt hat er die ehemalige Freizeitbeschäftigung vervollkommnet. Er arbeitet mit Kreuzworträtselheften verschieden gestaffelter Schwierigkeitsgrade, womit er einerseits sein Gedächtnis in Schuß hält und sich andererseits selbst täglich aufs Neue bestätigt.

Während des Besuches bei einer einundsiebzigjährigen Dame fiel mir ein Stapel eng beschriebener Blätter ins Auge. Auf meine Frage erfuhr ich, daß es sich dabei um ihre persönlichen Gedächtnisübungen handle. Sie erklärte, um sich geistig fit zu halten, erstelle sie zu verschiedenen Stichwörtern Listen in alphabetischer Reihenfolge, wie z.B. Hauptstädte, Flüsse, Staaten, Schauspieler, Opern. Wenn sie nicht mehr weiter weiß, benützt sie Nachschlagewerke. Im großen und ganzen ist sie aber mit ihrem Allgemeinwissen zufrieden. Sie versicherte mir schmunzelnd: „Es macht mir riesigen Spaß, und ich lerne täglich etwas Neues dazu!" *sh*

Gemeinsam geht es noch besser

Nachahmenswert ist auch die Idee von Elfriede. Die Achtzigjährige stammt aus einer Zeit, in der im Deutschunterricht noch Wert auf „Auswendiglernen" gelegt wurde, was sie sehr gerne tat. Jetzt hat sie sich mit einem etwas jüngeren Herrn (78), der ihre Vorliebe teilt, zusammengetan. Gemeinsam werden Balladen und Gedichte gelesen, auswendig gelernt und mit verteilten Rollen vorgetragen. Hört man den beiden alten Herrschaften zu, dann wird der Schwung und das Vergnügen, mit denen sie ihre sich selbst gestellten Aufgaben lösen, deutlich spürbar.

Für Rudolf und Manfred, beide Jahrgang 1919, ist Schachspiel das ideale Mittel, um das Gedächtnis auf Vordermann zu bringen. Die beiden Herrn, die sich – wie könnte es auch anders sein – beim Schachspiel im Hofgarten kennengelernt und – Ironie am Rande – erst da entdeckt haben, daß sie seit kurzem im gleichen Wohnheim leben, spielen nicht nur zum Vergnügen. Um nebenbei auch ihre Merkfähigkeit und Konzentration zu stärken, wagen sie sich an komplizierte Partien, die sie einschlägigen Fachbüchern entnehmen. Mit ihren persönlichen Erfolgen sind sie durchwegs zufrieden.

MAN MUSS SICH EINEN STECKEN IN DER JUGEND SCHNEIDEN, DAMIT MAN IM ALTER DAMIT GEHEN KANN.   Kung-Dse

Nicht unterschätzt werden darf, daß auch das gemeinsame Lesen von Büchern und das Diskutieren zu aktuellen Themen die gedankliche Flexibilität erhalten hilft. Es gibt eine reiche Fülle von Ideen, mit denen sich das Gedächtnis fordern und fördern läßt. Der eigenen Kreativität sind natürlich keine Grenzen gesetzt! Wem das noch zu wenig ist, dem bieten verschiedene Bildungsinstitutionen, aber auch kirchliche Stellen und Selbsthilfegruppen speziell ausgerichtete Kurse an.   sh

Spitzenleistungen

Während wir über die negativen Seiten des Alters bestens informiert sind, wissen wir verhältnismäßig wenig von den „Spitzenleistungen", die ältere und zum Teil sehr alte Menschen vollbringen. Bekannte Größen aus den verschiedensten Wissensbereichen und Berufssparten beweisen, daß man trotz vorgerückter Jahre noch Überragendes leisten kann. Der legendäre Arthur Rubinstein, der Generationen von Konzertbesuchern begeisterte, brillierte noch mit 89 Jahren am Klavier. Mrs. Moses, als „Grandma Moses" berühmt für ihre naive Malerei, schuf nach ihrem 100. Geburtstag, zu dem ihr der Präsident der USA gratulierte, noch weitere 25 Werke. Sechsundsiebzigjährig schrieb Theodor Fontane seinen immer noch berührenden Erfolgsroman „Effi Briest". Konrad Adenauer war 73 Jahre, als er das erste Mal zum deutschen Bundeskanzler gewählt wurde, und er übte dieses schwere Amt 14 Jahre lang aus. Mit 80 Jahren komponierte Giuseppe Verdi die lyrische Komödie „Falstaff", die zu seinen bedeutendsten Werken zählt. Astrid Lindgren, die bekannteste Kinderbuchautorin der Welt, bekam mit 72 Jahren den Friedenspreis des Deutschen Buchhandels und 1994, mit 87 Jahren, den „Alternativen Nobelpreis" überreicht. Mit stolzen 96 Jahren schrieb Bertrand Russell, Philosoph und Vordenker, das Standardwerk „Die Kunst des Philosophierens". Erinnern Sie sich an Luis Trenker, der bis kurz vor seinem Tod mit 98 Jahren noch als Schriftsteller und Fernseherzähler tätig war und sich bis zu seinem Ende sehr medienwirksam einzubringen verstand?

Die politischen Kommentare des über achtzigjährigen Südtiroler Alt-Landeshauptmanns Silvius Magnago haben nach wie vor überall Gewicht. Auch die Predigten des Innsbrucker Bischofs Reinhold Stecher, der über 70 Jahre alt ist, haben nichts von ihrer menschlich berührenden treffsicheren Aussage und ihrer sprachlichen Geschliffenheit verloren.

Erwähnt werden müssen auch die vielen nicht im öffentlichen Interesse stehenden Menschen, die ebenfalls oft bis ins hohe Alter aktiv und leistungsfähig bleiben. Aus allen Berufssparten und Gesellschaftsklassen kommend, findet man sie beim Seniorenstudium an den Universitäten, als Teilnehmer oder Referentinnen in der Erwachsenenbildung, als ehrenamtlich

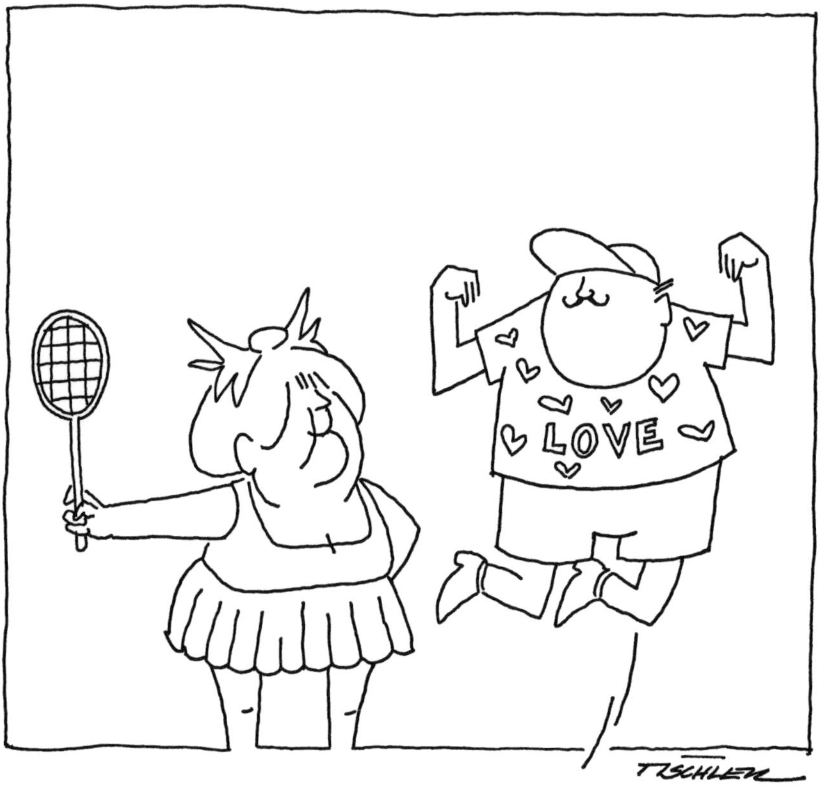
LOVE

Tätige in sozialen Institutionen sowie als interessierte und gesprächsbereite Mitmenschen, denen zu begegnen man hin und wieder das Glück hat. *sh*

„Werde, was du bist"
Im Gespräch mit der Schriftstellerin Auguste Lechner Jahrgang 1905

Mit Frau Professor Auguste Lechner verbinden mich Erinnerungen an Stunden uneingeschränkten Lesevergnügens und spannender Unterhaltung. Ihre fesselnden Bücher, besonders die Nacherzählungen faszinierender Sagen, eröffneten mir seinerzeit neue Welten, und wenn ich Jahre später ein „Lechner-Buch" zum Rezensieren bekam, war es auch für mich als Erwachsene eine nach wie vor erfreuliche und bereichernde Lektüre.

Frau Professor Lechner, Sie haben zwar Ihren neunzigsten Geburtstag gefeiert, sich aber Schwung und Energie erhalten. Woher kommt Ihre positive Einstellung, woher nehmen Sie die nötige Kraft?

Älterwerden ist eine natürliche Sache und 90 ein herrliches Alter, wenn man gesund ist, und dafür bin ich sehr dankbar. Meine Lebensgrundhaltung ist ein gesunder Realismus, alles so zu nehmen, wie es kommt und zu versuchen, immer das Beste daraus zu machen. Schreiben ist für mich sehr wichtig.

Da arbeite ich intensiv, auch in der Nacht, und bin, was die Formulierung und die Genauigkeit des Quellenstudiums betrifft, sehr streng mit mir. So bin ich geistig ständig gefordert, aktiv und dementsprechend selbstbewußt.

Ältere Menschen haben es schwer, ihren Platz in der Gesellschaft zu behaupten. Wie kann ihre Situation verbessert werden?

Persönlich habe ich damit keine Schwierigkeiten. Man sollte sich akzeptieren, wie man ist und nicht versuchen, es mit allen Mitteln den Jüngeren gleichzutun. Auch Selbstbewußtsein ist lernbar, so daß man nicht alles mit sich geschehen lassen muß.

Die Überbewertung des „Jungseins" braucht als Gegengewicht eine neue „Kultur des Alterns". Was können ältere Menschen dafür tun?

Die Kultur des Alterns hängt von der persönlichen Kultur jedes einzelnen von uns ab, wobei der Bildungsgrad keine Rolle spielt. Wichtig ist, daß man eine Beschäftigung hat, die einen ausfüllt und befriedigt. Nur mit einer positiven Einstellung zu sich selbst kann man in Würde altern und sich so geben, wie man ist. Getreu dem Motto: „Werde, was du bist."

Das Gespräch führte Silvia Hohenauer.

Wohnen im Alter

„My home is my castle!" sagt der Engländer und meint damit jenes ureigenste Refugium, in das er sich jederzeit zurückziehen kann, das ihm Sicherheit bietet, und in dem er, wenn auch nicht gerade als Schloßbesitzer, so doch als Hausherr im weitesten Sinn des Wortes, schalten und walten kann, wie es ihm beliebt.
Ähnliche Gefühle bringen auch ältere Leute den eigenen vier Wänden entgegen, besonders wenn sie sich vermehrt zu Hause aufhalten. So wird die Wohnung zu einem Thema, über das man sprechen sollte, um Erfahrungen und Lösungsmöglichkeiten zu sammeln, um so im Bedarfsfall genügend informiert zu sein. *sh*

Lösbare Probleme?

Wie rasch es zu einem solchen „Bedarfsfall" kommen kann, erfuhr ich neulich aus erster Hand, als ich zufällig meine ehemalige Mathematiklehrerin beim Einkaufen traf. Schon wollte ich – eingedenk meiner schwachen Leistungen in ihrem Fach – mit einem Gruß vorübergehen, da hielt sie mich mit einem „Stellen Sie sich vor, was uns passiert ist!" auf. Ihr Mann war seit einem Sturz auf Krücken angewiesen: bei ihrer ohne Lift und im dritten Stock gelegenen Wohnung ein Ding der Unmöglichkeit. Kurzentschlossen erwarb das alte Ehepaar eine Kleinwohnung in einer sogenannten Seniorenresidenz. „Gottlob in unserem Stadtteil. Da können wir dann endgültig bleiben", meinte meine pensionierte Lehrerin, energisch wie eh und je.
Nur wenige von uns werden sich einen so kostspieligen Wohnungserwerb leisten können, und doch gibt es immer wieder Situationen, die es älteren Menschen fast unmöglich machen, ihre Wohnung zu behalten. Sei es eine finanziell nicht mehr

verkraftbare Mieterhöhung oder das nicht mehr zu bewältigende Stiegensteigen, seien es plötzlich nicht mehr vorhandene Einkaufsmöglichkeiten, sich verschlechternde Verkehrsbedingungen oder neue Mieter, die den Alteingesessenen das Leben schwer machen.

Natürlich möchte jeder von uns so lange wie möglich in den gewohnten vier Wänden hausen. Schließlich hat man einen Großteil des Lebens hier verbracht. Man kennt die Menschen und die Umgebung und ist an die Geschäfte und die ansässigen Ärzte gewöhnt.

Vielleicht sollte man sich aber auch einen Ausspruch von Attila Hörbiger zu Herzen nehmen, der aufgrund eigener Erfahrungen feststellt: „Gewohnheiten machen alt. Jung bleibt man durch die Bereitschaft zum Wechsel." *sh*

Wie wäre es also mit Wohnungswechsel oder -tausch?

Warum nicht, wenn sich so die Möglichkeit eines „Neubeginns" ergibt, der sich für die späteren Jahre durchaus positiv auswirken kann.

> G EWOHNHEITEN MACHEN ALT. JUNG BLEIBT MAN NUR DURCH DIE BEREITSCHAFT ZUM WECHSEL.   Attila Hörbiger

Als eine Kusine heiratete, blieb die verwitwete Tante allein in einer 130-Quadratmeter-Wohnung zurück, in der sie aber nur zwei Räume bewohnte. Der Arbeitsaufwand war ihr einfach zu groß. Der Familienrat tagte, und man schlug ihr eine Übersiedlung in eine Kleinwohnung vor. Zu aller Überraschung blieben Abwehr und Gekränktsein aus, denn sie sah die Vorteile selbst ein. Heute, zehn Jahre später, ist die alte Dame höchst zufrieden. Ihr neues Domizil bietet ihr altersgerechten Wohnkomfort, ist äußerst zentral gelegen, von ihrer

Tochter rasch zu erreichen und für sie selbst arbeitsmäßig zu bewältigen.
Leider geht ein Wohnungswechsel nicht immer so einfach über die Bühne. Gewohnheit und Besitzgefühl erschweren trotz besseren Wissens die Loslösung vom liebgewonnenen Althergebrachten. „Schließlich war und ist", so meinte ein dreiundsiebzigjähriger Pensionist, „meine Wohnung auch der Schauplatz meines bisherigen Lebens, und den wechselt man nicht so einfach wie ein Hemd!"
Sobald die negativen Aspekte deutlich überwiegen, muß man sich aber mit dem Gedanken an eine Veränderung anfreunden. So kann man die Energie, die man sonst zur Alltagsbewältigung in einer nicht altersgerechten Wohnung aufwendet, für neue, auf die Dauer vielleicht befriedigendere Aktivitäten aufsparen. *sh*

Überlegt übersiedeln

Als optimale Ausgangsbasis brauchen Sie dafür einen genauen Plan, der alle wesentlichen Gesichtspunkte berücksichtigt. Man glaubt gar nicht, was dabei alles zu bedenken ist: Wie liegt die Wohnung in bezug auf öffentliche Verkehrsmittel und günstige Einkaufsmöglichkeiten? Sind Sie für Freunde und Angehörige gut erreichbar? Wie steht es mit dem sozialen und kulturellen Angebot (Ärzte, Apotheke, Kirche, Gemeinde ...) in der Umgebung? Wie sieht die finanzielle Seite (Miete und laufende Nebenkosten) aus, und ist die Wohnung altersgerecht ausgestattet? *sh*

Wohin mit den ganzen Sachen?

Was sich im Lauf der Zeit so alles ansammelt und gehortet wird, zeugt von der weit verbreiteten Vorliebe vieles aufzuheben. Wir wissen es aus Erfahrung: Wenn nicht ein zwin-

gender Grund, z.B. eine Motteninvasion, der Maler oder eben ein Wohnungswechsel vorliegen, schieben wir das „Ausmisten" auf. Wird es endlich doch in Angriff genommen, dann braucht es viel Zeit.
Denn das Sichten von liebgewonnenem Krimskrams und Erinnerungsstücken kann nicht im Zeitraffer erledigt werden. Es ist verbunden mit Schauen, Nachdenken und „Hängenbleiben".
Zwei ältere Damen und ein betagter Herr lösten dieses Problem auf recht originelle Weise. Urplötzlich tauchten an den Haustüren der Nachbarschaft handgeschriebene Plakate auf, die einen „Hausbazar für alte Dinge" ankündigten: In einer Zeit, in der die Nostalgie fröhliche Urständ feiert und alles Alte auf Trödlermessen Höchstpreise erzielt, gerade die richtige Methode, die Neugierde zu wecken ... *sh*

Alternativen für Aufgeschlossene

Wer glaubt, Wohngemeinschaften, kurz WGs genannt, seien nur jungen und extrem fortschrittlichen Leuten vorbehalten, der täuscht sich. Eine WG kann auch für Senioren eine echte Alternative sein. Grundbedingung für jeden Interessierten ist die Bereitschaft, mit ähnlich denkenden Gleichaltrigen zusammenleben zu wollen – und die Bereitschaft, dies auch zu können. Voraussetzung ist, daß jedes Mitglied ein eigenes Zimmer als Rückzugsmöglichkeit zur Verfügung hat und eine Absprache über die jeweiligen Arbeitsbereiche erfolgt.
Dafür bietet eine solche Wohngemeinschaft dem einzelnen viel: Die Möglichkeit eines Selbstversorgerhaushaltes mit günstigerer Preisgestaltung, autonome Tages- und Freizeitplanung, Aussprache und Gedankenaustausch, gegenseitige Hilfeleistungen und Pflege.
Daß so ein Zusammenleben geistige Aktivitäten fordert, Unternehmungsgeist fördert und damit die individuelle Selb-

ständigkeit hebt, liegt auf der Hand. Natürlich kommen auch hier Unstimmigkeiten vor, aber „mit ein bißchen gutem Willen und der nötigen Toleranz geht alles. Man wird sich doch nicht so eine Chance fürs Alter vertun!" Soweit eine Beteiligte, die nach längerem „Probewohnen" von den Vorteilen überzeugt ist. *sh*

Eine neue Idee

Ein weiterer Versuch, die problematische Wohnsituation im Alter zu entschärfen, sind sogenannte „altersgemischte Hausgemeinschaften", in denen Alt und Jung unter einem Dach leben, z.B. in den Hamburger Wohngemeinschaften der „Grauen Panther". In der Zwischenzeit hat sich die Idee herumgesprochen und viele positive Echos und Erfolge zu verbuchen.
Aber lassen wir Gerd, den Bewohner einer solchen Hausgemeinschaft, zu Wort kommen: „Ich hätte nicht geglaubt, daß ich noch einmal so aufleben kann. Selbst habe ich nie Kinder gehabt, aber hier mit den jungen Familien lernt man das Opa-Sein überraschend schnell. So nebenbei habe ich auch meine Meinung über die heutige Generation ändern müssen. Dabei habe ich mehr Zusammenhalt erlebt, als ich mir bei diesen Altersunterschieden erwartet habe. Manchmal komme ich mir wie in einer Großfamilie alten Zuschnitts vor, jedoch ohne deren negativen Seiten." *sh*

Wohnheime

Mit den ehemaligen Greisenasylen haben unsere Wohnheime nichts mehr zu tun. Die düsteren, kasernenartigen Anstalten von früher wurden von modern ausgestatteten Häusern abgelöst. Sie bieten Zimmer oder kleine Appartements an, die man entweder ganz oder zum Teil mit eigenen Möbeln einrichten kann. Auch ältere Heime, die noch Zwei-Bett-Zimmer haben – der psychologische Effekt ist nicht zu unterschätzen –, besitzen Telefon und Fernsehanschluß. Vortragssaal, Café, Bibliothek und Fernsehzimmer, Kranken- und Pflegestationen sowie geschultes Personal sind selbstverständlich.

Auch das Unterhaltungsprogramm kann sich sehen lassen: Gymnastikstunden sorgen für mehr Beweglichkeit, Vorträge für Gesprächsstoff, es werden Ausflüge unternommen, Konzerte veranstaltet, und z.B. Bauernmärkte abgehalten. Inwieweit die Bewohner diese Angebote in Anspruch nehmen, entscheiden sie selbst. *sh*

Auf Einstellung und Einsatz kommt es an!

Als uns vor ca. 14 Jahren eine gute alte Freundin nachdrücklich erklärte, ins „Heim" gehen zu wollen, waren wir entsetzt: bei ihrer Aktivität, ihrem Freiheitsdrang erschien uns ein Heim undenkbar!

> HEUTZUTAGE WIRD KEIN MENSCH MEHR ALT. DIE NOCH DA SIND, SIND ALLE VON FRÜHER. — Karl Valentin

Die Bemühungen, sie von diesem Vorhaben abzubringen, scheiterten an ihren Argumenten, die mich letztlich doch überzeugten. Alleinstehend, an Garconnièren gewöhnt, empfand Maria den Wechsel ins Seniorenheim als Wohltat. Endlich waren die Alltagspflichten vorbei, sie fühlte sich wie ein Hotelgast und war noch häufiger auf Reisen und Besuchen unterwegs als früher. Jetzt – altersmäßig ein wenig eingebremst – schätzt sie die gute Versorgung doppelt und macht ihrem Spitznamen „Reisetante" nach wie vor alle Ehre.

Anders erging es meiner Taufpatin, die sich in dem privat geführten Heim fast wieder in ihre „Pensionatszeit" zurückversetzt fühlte. Da mehrere Damen ähnlich empfanden, hatte man sich bald gefunden. Um sich geistig zu beschäftigen, führten die ehemaligen Lyzeums-Schülerinnen Konversationsstunden in Französich, Englisch und erstaunlicherweise auch in Latein ein. Irgendwie kamen die alten Damen mit den Besuchern ins Gespräch, und die Entscheidung, Nachhilfestunden zu geben, war vorprogrammiert. Es dürfte sich dabei um das erste in einem Altersheim untergebrachte Nachhilfezentrum gehandelt haben, und die Erfolge konnten sich sehen lassen. *sh*

Nicht am Rand des gesellschaftlichen Geschehens

Gleichgültig, wo immer Senioren auch wohnen, wichtig ist nur, daß sie nicht am Rand des gesellschaftlichen Geschehens leben, sondern den Kontakt und die Beziehung zu ihren Mitmenschen aufrecht erhalten.

Ein Beispiel für so ein gelungenes Miteinander findet sich in Kaltern in Südtirol, wo das Altenheim die Gemeinde eroberte.

„Zwar war das alte ‚Versorgungshaus‘ durch einen Neubau ersetzt worden, doch negative Klischees und Vorurteile schotteten das Heim mit seinen ca. 80 Bewohnern von der Bevölkerung und der Gemeinde ab. Um das negative Bild zu korrigieren, versuchte man Partner im Dorf zu finden. Tatsächlich motivierte diese Aktion zahlreiche Vereine zur Mitarbeit. Von Fachleuten betreut wurden die Interessierten in ihre neue soziale Tätigkeit eingeführt. Fauen und Männer übernahmen ‚Patenschaften‘ zum Aufbau persönlicher Beziehungen zwischen den Heimbewohnern und der Bevölkerung. Der erhoffte Durchbruch ist gelungen! Im Altenheim ist es lebendig geworden, es gehört jetzt zu Kaltern und die alten Menschen sind voll integriert." (Luis Anderlan) *sh*

Sie sehen großartig aus, gnädige Frau!

Es ist einfach so, daß im Verlauf des Älterwerdens das so dringend benötigte Selbstbewußtsein zeitweise auf recht wackeligen Beinen steht. Man ist nicht so überlegen, wie man gerne möchte, und dabei ist das sichere Auftreten nur von kleinen Äußerlichkeiten abhängig.

Älterer Herr: „Sie sehen ja großartig aus, gnädige Frau! Sie haben sich in diesen letzten vier Jahren überhaupt nicht verändert."
Dame: „Danke, das hört man aber gerne, besonders wenn man schon fünfundfünfzig ist."
Älterer Herr: „Na sowas, gnädige Frau, Ihr Alter hat sich ja auch nicht verändert!"

Ist der Rest Schweigen? Robert Musil, der als Literat immer schon eine treffsichere Feder führte, meint augenzwinkernd: „Keine Grenze verlockt mehr zum Schmuggeln als die Altersgrenze." Es stimmt. In dieser Beziehung schummeln wir Frauen zwischen Vierzig und Siebzig oft und gerne. Wir haben uns mit unserem Alter einfach noch nicht richtig angefreundet, und man läßt uns auch gar keine Zeit dazu. An diesem paradoxen Zustand sind wir aber nicht alleine schuld. Die Einstellung einer eher altersfeindlichen Gesellschaft hat uns total verunsichert und geprägt, und das Diktat der allgegenwärtigen jugendlichen Werbung hängt wie ein Damoklesschwert über den werdenden Senioren weiblichen und männlichen Geschlechts.
Denn auch die Männer sind von dieser öffentlichen Werbung abhängig und freuen sich, wenn man sie für jünger hält. Und plagen sie sich nicht gleich schwer wie wir Frauen, um den drei geforderten „A": attraktiv, aktiv, alterslos zu entsprechen? Dabei haben es die Männer dank der allgemeinen Vor-

urteile leichter als die Frauen. Nicht von ungefähr plaudert der Volksmund solche Hohlheiten wie: „Ein Mann ist so alt, wie er sich fühlt, und eine Frau so alt, wie sie aussieht." Doch läßt sich dieser Ausspruch nicht auch anders herum lesen?
Aber wie auch immer, es ist fast unmöglich, den vorherrschenden Parolen für mehr „Jugendlichkeit und Schwung" zu entgehen. Was wird uns in den Medien und indirekt von der Gesellschaft nicht alles angeboten, um Jugendlichkeit festzuhalten und das fortschreitende Altern zu verstecken. Da gibt es Frischzellentherapien und das Wundermittel Ginseng, Schönheitsoperationen, Hormon- und Sauerstoffbehandlungen sowie andere Verjüngungskuren. Das Geschäft mit der Angst vor dem Alter floriert bestens, auch wenn es den „Jungbrunnen" auf Dauer nicht gibt.
Ferdinand Raimund hat es in seinem „Der Bauer als Millionär" auf den einfachsten Nenner gebracht: „Geld kann vieles in der Welt, Jugend kauft man nicht für Geld. Drum Brüderlein fein, Brüderlein fein, es muß geschieden sein!"
Haben wir es eigentlich nötig, dieses entwürdigende Spiel um die immerwährende Jugend mitzumachen? Wir altern nicht über Nacht, sondern langsam und haben so Zeit, eine Bestandsaufnahme zu machen und uns mit den neuen Gegebenheiten auseinanderzusetzen. Und spätestens da stellt sich die Frage nach der Schönheit alter Menschen! *sh*

Über Schönheit läßt sich streiten

Schönheit ist ein subjektiver Begriff, den jeder von uns anders versteht und auslegt. So hat es im Laufe unserer Geschichte die unterschiedlichsten – durch Denkart, Welt- und Wertbild der jeweiligen Zeit geprägten – Schönheitsideale gegeben. Heutzutage zielt der Trend dahin, Schönheit und Jugend gleichzusetzen, was den Umkehrschluß – alt ist häßlich – nahelegt.

In ihrem Buch „Alt – Manifest gegen die Herrschaft der Jungen", das 1980 erschienen ist, behauptet Esther Vilar das Gegenteil. Für sie ist das Gesicht eines alten Menschen „immer schön, immer interessant". Engagiert führt sie ihre Argumente ins Treffen: „Es ist schön wegen des Reichtums an Geschichten, die dort ihre Spuren hinterlassen haben", und sie führt weiter aus: „Und da jedes Leben wieder ganz anders verläuft, ist dieses alte Gesicht, im Gegensatz zum jungen, auch einmalig."
Nicht weniger überzeugt äußert sich Adalbert Stifter in seinem Roman „Nachsommer" zum Thema und legt seinem jungen Helden Heinrich Drendorf folgendes Wort in den Mund: „Man tut sehr unrecht, ... wenn man die Angesichter von Frauen und Mädchen, sobald sie ein gewisses Alter erreicht haben, sofort beseitigt und sie für etwas hält, das die Betrachtung nicht mehr lohnt ... Liegt nicht eine Geschichte darin, oft eine unbekannte voll Schmerzen oder Schönheit...?"
123 Jahre liegen zwischen Stifters „Nachsommer" und Vilars „Manifest gegen die Jugend", und trotz sprachlicher und stilistischer Unterschiede ist die Aussage dieselbe: Geprägt durch sein Leben besitzt jeder ältere und alte Mensch eine ganz spezielle, nur ihm eigene Schönheit.
Nicht Falten und Pigmentflecken sind das Wesentliche, sondern unsere persönliche Einstellung zu diesem Lebensabschnitt und seine Bejahung. Das Aussehen und Auftreten älterer Menschen hängt von ihrer inneren Haltung ab. Wer mit sich selbst im Einklang ist, strahlt diese Harmonie mit sich selbst auch nach außen aus.
Coco Chanel, die bekannte französische Modeschöpferin, umriß das Problem einmal folgendermaßen: „Wenn ich in den Spiegel sehe und an meine verlorengegangene Jugend denke, könnte ich wirklich alt werden." Aber Madame war nicht umsonst eine Persönlichkeit, die mit Widerwärtigkeiten fertig zu werden verstand: „Ich habe mir deshalb angewöhnt, nur nach

vorne zu blicken." Damit unser Selbstwertgefühl richtig zum Ausdruck kommt und wir uns rundum wohlfühlen, kommen auch Kosmetik und Mode ein wichtiger Stellenwert zu. Dabei haben gepflegtes Aussehen und hübsche Kleidung nichts mit gesellschaftlichen Zwängen zu tun, im Gegenteil! Gerade sie dokumentieren unsere neugewonnene Freiheit: tun und lassen zu können, was man möchte, sich auch einmal etwas zu leisten, mit einem Wort, sich selbst zu verwöhnen. *sh*

Ich bin von Kopf bis Fuß ...

Zwar nicht, wie es in dem alten Schlager heißt, auf Liebe, dafür aber auf Körperpflege eingestellt. Eine Selbstverständlichkeit? Das stimmt nicht ganz. Körperpflege bedeutet mehr als Zähneputzen und Hände-Eincremen. Dazu braucht man erstens das, was Sie im Überfluß besitzen, nämlich Zeit, und zweitens den festen Willen, diese „Pflichtübung" regelmäßig zu absolvieren. Ob man sich nun täglich ein Bad mit duftenden Ölen gönnt oder sich mit einer Dusche samt wohlriechenden Zusätzen pflegt, die Hauptsache ist, Sie fühlen sich frisch und wie neu geboren. Wenn es der Arzt erlaubt, kann man die Durchblutung noch durch Massage und Wechselduschen unterstützen. Daß nebenbei Hand- und Fußpflege erledigt werden, versteht sich von selbst.
Ob man so ein „Programm" täglich oder wenigstens zweimal in der Woche durchzieht, ist auch eine Frage der Disziplin: Es geht durchaus nicht nur um den Körper, die Einstellung zu sich selbst und die geistige Haltung ist gefragt!
Mein großes Vorbild in dieser Hinsicht ist meine Großmutter, die bis kurz vor ihrem Tod im 98. Lebensjahr eisern ihr tägliches Sitzbad nahm, um das zu vermeiden, was sie den „Alteleutegeruch" nannte. In meiner Erinnerung ist sie nach wie vor von jenem feinen Lavendelgeruch umgeben, den die von ihr bevorzugte Seife verbreitete. *sh*

Gefallen Sie sich eigentlich?

Es gibt Tage, an denen man sich überhaupt nicht anschauen kann. Da genügt ein Blick in den Spiegel und man wendet sich – obwohl man sein Konterfei nun schon Jahrzehnte hindurch gewöhnt ist – erschreckt ab. Man sieht so farblos und langweilig aus. Geht es Ihnen manchmal auch so?
Dann ist es an der Zeit, sich der Kosmetik zu erinnern, die auch für Senioren kein Fremdwort sein sollte.
In dem Zusammenhang fällt mir die Bemerkung einer fünfundsechzigjährigen Dame ein, die mir im Laufe eines Gespräches kategorisch erklärte: „Kosmetik ist gar nicht gut für die Haut. Wasser und Seife genügen vollauf." Früher ist man vielleicht wirklich damit ausgekommen, da war allerdings auch die Luft noch besser. Heute bei der allgemeinen Umweltverschmutzung und den aggressiver werdenden Sonnenstrahlen geht es kaum noch ohne schützende kosmetische Hilfsmittel.
Leisten wir uns etwas Gutes, werfen wir eventuell vorhandene Vorurteile über Bord und erstehen gleich noch Lippenstift, Rouge und Puder. Falls Sie den Umgang damit bis jetzt noch nicht gewöhnt sein sollten, ist es höchste Zeit dafür!
Als dieses Thema in einer Seniorenrunde einmal angesprochen wurde, hatten die wenigen anwesenden Herren einiges zum Schmunzeln, denn die Gegenargumente reichten von „Ich mach' mich doch nicht lächerlich!" bis zu „Lippenstift und Schminken, ich bin doch nicht so eine!" Doch zwei der Teilnehmerinnen schienen beim nächsten Treffen einige der Tips befolgt zu haben. Die Reaktionen der anderen waren unterschiedlich, und die Herren legten ein sogenanntes „Schäuferl" nach, indem sie sehr galant nicht mit Komplimenten sparten. Die sich daraus entwickelnden Debatten zogen sich in die Länge, aber die nachhaltigen Folgen waren beim nächsten Stelldichein deutlich sichtbar.

Dabei geht es nicht um Vortäuschen von Jugendlichkeit oder um das Kaschieren, sondern vielmehr um das eigene Wohlbefinden. Und wenn die Umgebung diese Bemühungen anerkennt, so ist das eine angenehme Randerscheinung, die das Stimmungsbarometer hebt und selbstsicher macht. *sh*

Aber bitte mit Löckchen!

Rein zufällig hatte man sich beim Friseur getroffen, was den drei Damen nicht besonders behagte. Noch dazu kamen sie für die Dauerwelle nebeneinander zu sitzen, aber für kritische Blicke oder Gespräche blieb kaum Zeit, denn schon begannen die Friseusen ihr Werk. Nach längerer Prozedur blickten drei Frauengesichter erwartungsvoll in die breite Spiegelfront, die das gleichförmige Bild mit kurzen Löckchen geschmückter Köpfe – zweimal in grau und einmal in weiß – wiedergab.

Es ist eine vertrackte Sache mit den Frisuren bei den älteren Semestern, denn ab einem gewissen Alter verfallen viele dem Einheitsschnitt mit dauergewellter Lockenpracht. So darf man sich nicht wundern, wenn im Kreise Gleichaltriger die Damen im wahrsten Sinn des Wortes „wie über den gleichen Kamm geschoren" aussehen.

Dabei sollten wir Älteren unseren persönlichen Stil schon längst gefunden und entfaltet haben. So behielt meine Schwiegermutter – allen Verlockungs-Künsten zum Trotz – ihr gut schulterlanges Haar, das sie mit wenigen Handgriffen zu einem klassischen Knoten aufsteckte bis ins hohe Alter und unterschied sich wohltuend von den „Eintopffrisuren" ihrer Bekannten.

Eine gehörige Portion Selbstbewußtsein brauchte hingegen eine bekannte Sprachtherapeutin, die sich auch als Lyrikerin einen Namen gemacht hatte. Bei einer ihrer Lesungen erschien sie zum Erstaunen ihrer Zuhörerschaft mit karottenroten Haaren: an sich keine Besonderheit, hätte die Dame die

Siebzig nicht weit hinter sich gelassen. Das Getuschel war unüberhörbar und die Kommentare dementsprechend, was sie mit heiterer Gelassenheit überging. Die Farbe stand ihr gut und sie fühlte sich sichtlich wohl.

Und um das „Sichwohlfühlen" geht es im Grunde, und das hat nichts mit dem Diktat der Mode oder den Erwartungen mehr oder weniger wohlmeinender Mitmenschen, sondern nur mit der eigenen Person zu tun.

Wie schaut es denn bei den Herrn mit dem Kapitel „Frisur" aus? Diejenigen unter ihnen, die noch über ihre volle Haarpracht verfügen, tun sich leicht. Wer sich mit ausgeprägten „Geheimratsecken" oder beginnenden Glatzen konfrontiert sieht, trägt dies je nach Temperament. Hier hilft das eher stabile Selbstbewußtsein männlicher Senioren, sogar müde Witzchen wie „Heute wieder ein Mittelscheitel gefällig? Drei Haare rechts und drei links, Herr Huber?" gelassen wegzustecken.
sh

Modefrühling für Senioren

Jede Plauderei über Aussehen, Auftreten und persönliches Wohlgefühl wäre unvollständig, käme nicht auch die Kleidung und damit die Mode zur Sprache, die einen vielschichtigen Stellenwert in unserem Leben einnimmt.

Es ist noch nicht so lange her, da war für Generationen von Pensionisten und alten Leuten Mode und alles, was damit zusammenhing, ein Fremdwort. Sie waren zur Anspruchslosigkeit und zum Sparen erzogen, und so wurden Kleidungsstücke im wahrsten Sinn des Wortes „aufgetragen", Neuanschaffungen erst gar nicht getätigt. Sie rentierten sich nach allgemeiner Auffassung ab einem gewissen Alter nicht mehr. Damit beugte man sich dem Diktat der Tradition. Die dezenten, meist dunkel gehaltenen Kleidungsstücke unserer Vorfahren hatten so schon fast symbolischen Charakter.

Daß diese Einstellung zum äußeren Erscheinungsbild gleichzeitig die innere Haltung gegenüber dem „Älterwerden" recht deutlich widerspiegelt, liegt auf der Hand. Über Bedeutung und Signalfunktion von Farben wurden ganze Bücher geschrieben. Heute, wo sich das Bild vom älteren Menschen in der Gesellschaft wandelt, läßt sich das neue Lebensgefühl auch an bunten Kleidern in fröhlichen Farben ablesen. Die unscheinbaren älteren Damen, die gleich grauen Mäusen ihre Besorgungen erledigen, und die alten Herrn, die ihre guten Büro- und Gesellschaftsanzüge auftragen, sind eine Minderheit geworden.

Wir haben es aber auch bedeutend leichter als unsere notgedrungen „bescheidenen" Vorgänger. Wir können aus dem Vollen schöpfen, wobei ansprechende und pflegeleichte Garderobe finanziell durchaus erschwinglich ist.

Was den besonders günstigen Einkauf betrifft, kenne ich eine Reihe älterer Damen, die sich auf „Sonderangebote" spezialisiert und es dabei sogar zu professioneller Tüchtigkeit gebracht haben.

Den Vogel schoß in dieser Beziehung das weibliche „Berater-Quartett" eines Seniorencafés ab, das unter diesem Titel die Mitglieder und Freunde mit Tips für billige Einkäufe verschiedenster Art versorgte. Einstimmig erklärten die Vier: „Wir studieren die Werbung und die Angebote in den Geschäften, sind bestens organisiert, haben genügend Zeit, und das ganze macht ausgesprochen Spaß!" *sh*

Nur Äußerlichkeiten?

Ein Kapitel lang war jetzt vom Aussehen und der Körperpflege, von Frisuren und Kleidung, von Wohlgefühl und Selbstbestätigung die Rede. „Wozu so viel Aufwand, wenn man doch älter wird?" werden einige von Ihnen fragen: „Entweder man nimmt mich so, wie ich bin, oder man muß es lassen!"

Wenn Sie sich mit dieser Einstellung glücklich und zufrieden fühlen und noch dazu im Einklang mit Ihrer Umwelt stehen, dann gehören Sie zu jenen wenigen Glücklichen, deren Selbstbewußtsein weder eine Stütze noch gesellschaftliche Zustimmung braucht.
Aber für diejenigen unter uns, die ihre Lebensqualität beim Älterwerden ein wenig heben und damit auch ihr Selbstwertgefühl aufmöbeln möchten, enthalten die angesprochenen Themen genügend Tips und Anregungen, die je nach körperlicher Befindlichkeit und persönlichen Wünschen umgesetzt, abgewandelt oder vervollkommnet werden können. Was auch immer Sie tun, Ausgangs- und Mittelpunkt sind stets Sie selbst!
Ausgerechnet eine fast Siebzigjährige hat mit einer Bemerkung Wesentliches zusammengefaßt: „Jetzt habe ich endlich das, was mir ein Leben lang gefehlt hat: den nötigen Egoismus, einmal nur an mich selbst zu denken, und den noch nötigeren Mut, meine Wünsche auch zu verwirklichen!" *sh*

Träume, Ängste, Wünsche

Wir alle brauchen Zukunft, den Blick in das Morgen, denn von der Erinnerung allein kann auch der alte Mensch nicht leben.
Dabei wissen wir: Alles, was wir erhofft, geplant und gut zuwege gebracht haben, haben wir zuerst erträumt. Die Träume sind es, die uns zu neuen Horizonten aufbrechen lassen, die Lebensgeister wecken und die Sinne beleben.
Ich träume liebend gern in den Tag hinein. In einer grünen Stunde beim Unkraut zupfen, beim Eisenbahnfahren in einem halbleeren Waggon zum Taktschlag der Räder, bei einer Rast unterwegs im Gebirge. Wer nur den Trampelpfaden der Gewohnheit folgt, wird nie erträumte Gipfel erreichen. *lo*

Lebensträume

Hatten wir nicht alle Kinderträume – bettelnde an das Christkind, hoffende auf den Geburtstag? Schon anspruchsvoller waren die Buben- und Mädchenträume und dann die der Pubertät – heimliche, süße und wilde, verruchte. Dann folgten die eigentlichen Lebensträume: Der Beruf, meist nicht maßgeschneidert, der Partner, auch nicht immer so, wie erträumt, und die Kinder, nicht unbedingt so schön und begabt wie erhofft. Schließlich hatten wir auch Pensionsträume – zumindest viele von uns. Wir wollten alles nachholen, wozu uns Beruf und Familie keine Zeit und vielleicht auch kein Geld übrig ließen.

> **I**CH KANN MEINE TRÄUME NICHT
> ENTLASSEN, ICH SCHULDE IHNEN
> NOCH MEIN LEBEN.

Die auf uns persönlich bezogenen Sehnsüchte lebten von unseren Visionen einer neuen Gesellschaft. In der Aufbruchstimmung nach dem Zweiten Weltkrieg träumten wir von einem neuen Zeitalter mit Ehrfurcht vor dem Leben, mit fortschreitender Bildung, von der „Gerechtigkeit auf dem Acker" und einer Religion, die leben lehren und leben helfen wird. Wie geht es uns heute? Sind wir nicht gespalten zwischen dem Staunen über den Fortschritt von Wirtschaft, Technik und Wissenschaft und der Angst vor der Machbarkeit zu vieler Dinge und vor der Fratze von Terror und Gewalt? *lo*

„Die Ängste meines Herzens haben sich gemehrt"

Die drei Damen am Tisch sprachen halblaut mit Pausen vor sich hin. Ich bat, Platz nehmen zu dürfen, in der Hoffnung, sie beschäftigten sich mit meinem Referat über das „Geglückte

Altern". Aber von der Kümmernis in alten Tagen war am Tisch die Rede. „Sie haben leicht reden, sind gut beisammen, bekommen Beifall, der Sohn ist Arzt ...", sagten sie. Mein versuchter Spaß, „Ich hab' mir's halt durch braves Leben verdient!", ging daneben. Mit Bravsein habe das Schicksal im Alter nichts zu tun. Ich bin still geworden. Es folgt in der Art einer Fotomontage eine Sammlung von Ängsten. „Ich fürchte mich allein in der Wohnung, vor dem Stiegensteigen, dem nächsten Rohrbruch ... Ausziehen? Nein, denn dann ist das letzte bißchen Heimat weg ..."
Schon schließt sich die nächste der Frauen dem Jammer an: „Was habe ich Angst um meine Kinder. Sie sind fremde Menschen geworden, immer im Streß, zu nichts Zeit außer für neue Frauen und andere Männer ... Wer hilft mir, wenn ich mich nicht mehr selbst versorgen kann?" Die Damen sind sich bald gegenseitig ins Wort gefallen. Ich schwieg, ich wußte keinen Rat, aber der wurde auch gar nicht erwartet. Es ging nur darum, sich einmal die ganzen Ängste von der Seele zu reden. *lo*

Ängste verändern den Menschen

Nicht selten treten mit fortschreitendem Alter Charakterseiten zutage, die den ganzen Menschen wie ausgewechselt erscheinen lassen: Wir kennen ihn aus unserer nächsten Umgebung, den ständigen „Jammerer", der das halbgefüllte Glas halbleer und im Schweizer Käse nur die Löcher sieht. Häufig anzutreffen sind auch die stets bereiten „Kritiker", denen in ihrer kleinen und erst recht in unserer großen Welt nichts und niemand paßt, und denen Tratsch und Medien in Fülle Material für ihre Vorurteile liefern. Dann gibt es noch die ewigen „Rechthaber", die besonders mühsame Gesprächspartner sind. Manche unserer Altersgenossen entwickeln sich auch zu „Geizhälsen", die zur Freude ihrer Erben nichts auslassen und sich

vor Inflationen fürchten. Andere hingegen flüchten in die Krankheit. Sie pilgern von Ordination zu Ordination und sind sichtlich enttäuscht, wenn der Arzt keine besondere Erkrankung diagnostiziert.

Hinter jedem Horizont liegt etwas Neues.

Wie lassen sich solche Veränderungen erklären? Kommt im Alter etwa das „schlechte Unterfutter" eines Menschen zum Vorschein, oder hat das andere Ursachen? Sicher können im Laufe der Jahre Eigenschaften hervortreten, die man früher leichter unter Kontrolle hielt oder bewußt hinter einer charmanten oder seriösen Fassade zu verstecken verstand. Häufiger aber sind es Verhaltensweisen, hinter denen vielfältige Ängste stehen: die Angst, übersehen und vergessen zu werden, ohne Einfluß und bedeutungslos zu sein, keine Verehrung oder Zuneigung mehr zu finden, sich nicht mehr selbst versorgen zu können oder zu vereinsamen. Der Katalog des Jammers ließe sich beliebig weiterführen. Dabei sind sich die wenigsten bewußt, wie stark diese Veränderungen das Zusammenleben belasten – im Gegenteil! Sie fühlen sich von ihrer Umgebung mißverstanden und abgelehnt, mit ihren unausgesprochenen und sich meist auch selbst nicht eingestandenen Sorgen und Ängsten allein gelassen. *kk*

Im Gespräch die Ängste teilen

Wenn es stimmt, daß geteiltes Leid halbes Leid ist, dann müßten mitgeteilte Ängste auch nur mehr halbe Ängste sein. Doch dieses Teilen verlangt den Dialog, die Fähigkeit, zu erzählen und auch zuzuhören. Leider gibt es viel zu viele, die diese Fähigkeit verlernt haben, die sich nicht offen zu reden getrauen oder nur noch zu Monologen fähig sind.

„Sechzehn Jahre habe ich meine Schwiegermutter gehaßt und ihr nicht selten den Tod gewünscht. Alles, was ich tat, war falsch, und mein Mann ist im Grunde hinter ihr gestanden. Dann hat ein Schlaganfall dieses Denkmal einer Hausfrau zum Einsturz gebracht. Aus meinem schlechten Gewissen heraus habe ich die Schwiegermutter bald von der Klinik nach Hause geholt. Sie war gelähmt, konnte aber sprechen und war ganz klar im Kopf. Bei dieser Pflege sind wir zwei nach sechzehn Jahren gemeinsamer Hölle zum ersten Mal zu einem richtigen Gespräch gekommen. Stück um Stück der aus Haß und Verständnislosigkeit entstandenen Mauer haben wir abgebaut. Zurückgeblieben sind zwei Menschen, die sich endlich kannten, respektierten und sich trotz ihrer Unterschiedlichkeit sogar ein bißchen mochten. Hätten wir beizeiten so miteinander gesprochen, unser Leben wäre glücklicher verlaufen." (Gerda, 56 Jahre)

Das Unvermögen, sich mitzuteilen, ist wie ein zweischneidiges Schwert: es verhindert mitmenschliche Beziehungen und vergrößert so die persönliche Einsamkeit. *lo*

Stilles Nebeneinander

Jeden Tag um halb drei Uhr nachmittags griff in einer finsteren Hinterhofwohnung, 500 Meter östlich von der Bank vor dem Musikpavillon im Goethepark, Herr Schmid nach Stock und Hut. 500 Meter westlich tat es ihm Herr Thomas gleich. Bei der Bank vor dem Pavillon begegneten sich die beiden Männer wie an jedem Tag. Kurz den Hut gezogen, setzten sie sich nebeneinander. Ohne auch nur ein Wort zu wechseln, saßen sie da und beobachteten, wie Mütter mit ihren Kindern an ihnen vorbeispazierten, wie ein Jogger, gefolgt von seinem Hund, seine tägliche Runde drehte. Wer am Nachmittag öfters im Park war, der kannte die beiden Herrn, verstand aber die stille Zweisamkeit der beiden nicht. Sie wußten ja auch

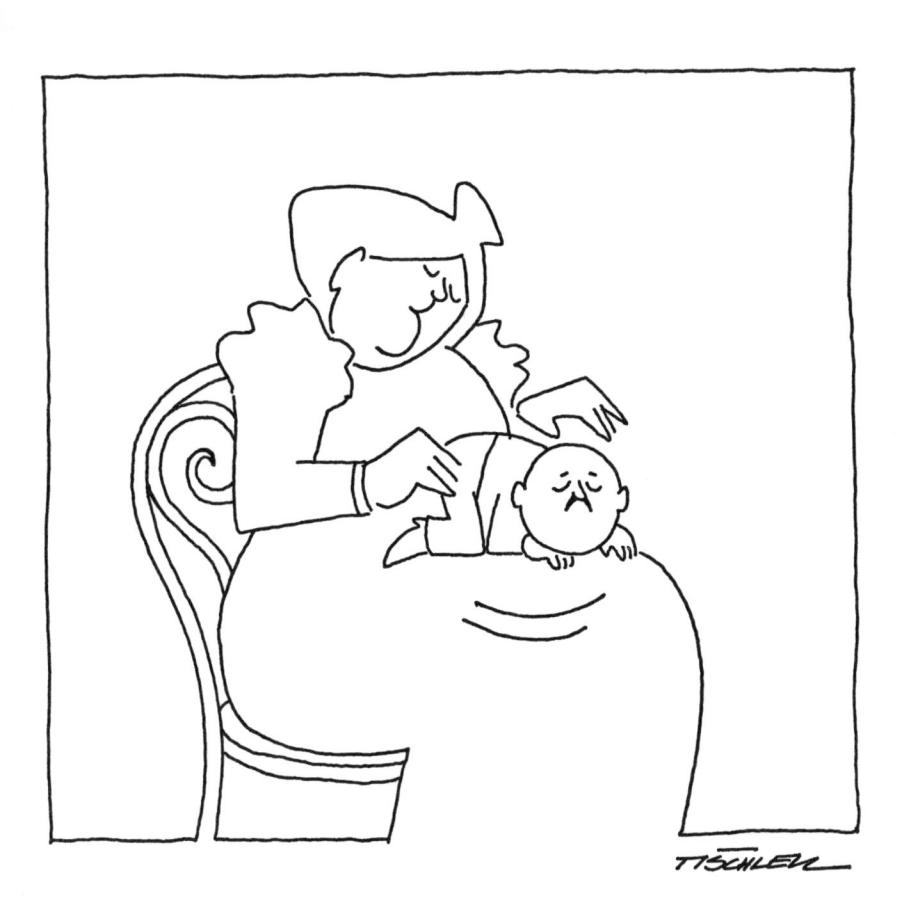

nicht, was es hieß, einsam zu sein. Plötzlich einen Menschen zu finden, bei dem man instinktiv fühlte, daß es ihm ebenso erging. Man wagte zwar nicht, den anderen anzureden, hielt aber seit dem ersten zufälligen Zusammentreffen Ort und Zeit der Begegnung auf das genaueste ein. Keiner wollte den anderen enttäuschen. Indem man so jeden Tag ein Zeichen der Gleichgesinntheit setzte, war man nun plötzlich gemeinsam einsam.
An einem warmen Herbstnachmittag verließ Herr Thomas wie immer seine Wohnung. Etwas irritiert bemerkte er, daß ihm der andere Mann heute nicht wie sonst entgegenkam. Hatte er sich verspätet, oder war er vielleicht krank? Als Herr Thomas bei Einbruch der Dunkelheit das Warten aufgab und sich auf den Weg machte, war auch der letzte Schimmer von Hoffnung aus seinen Augen verflogen. Trotzdem fand er sich auch an den folgenden Nachmittagen stets bei der Bank ein, traf aber den anderen Mann nicht mehr.
Aus Zufall kam er einige Tage später am städtischen Friedhof vorbei. Von einer Todesanzeige auf der Anschlagetafel sah ihn sein Banknachbar an. „Georg Schmid" stand darunter. Mehr überrascht als erschüttert stand Herr Thomas vor der Fotografie. Es war doch nicht möglich, daß der andere Mann gestorben war! Zwei Frauen näherten sich ihm. „Ich habe ihn gefunden", sagte die eine, „er war schon ein paar Tage tot. Ein merkwürdiger Mann, sehr einsam." Herr Thomas fühlte, daß sich seine Augen mit Tränen füllten. Schnell wandte er sich ab. Als er abends in sein Bett kroch, hatte er nur noch einen einzigen Gedanken. So betete er zum erstenmal seit langer Zeit: „Laß mich nicht mehr einsam sein, ich bitte dich, Herr." Später schlief er ein, für immer. Der Herr hatte seinen Wunsch erfüllt. *js*

Einsamkeit ist oft die größte Not alter Menschen. Zwar kann man sich selbst Mut machen oder den Kontakt zu anderen suchen, aber auch das Gespräch mit Gott bringt dem gläubigen Menschen Zuversicht, da er – wie es in der Bibel heißt – „seine Sorgen auf den Herrn werfen kann".

„Der Partner unserer intimsten Selbstgespräche", so betitelt Viktor E. Frankl in seinem Buch „Der Mensch vor der Frage nach dem Sinn" ein Kapitel, in dem er seine Überlegung, „daß sich vielleicht Gott am treffendsten definieren ließe als der Partner unserer intimsten Selbstgespräche" darlegt. Und Frankl meint weiter: „Im übrigen soll man nicht geringschätzig davon sprechen, daß so manchen Menschen die Not beten lehrt." *kk*

Geborgenheit ist ein Geschenk

Manche haben ihre Kindergebete bis ins Alter mitgenommen, weil gerade sie jene Geborgenheit vermitteln, die sich in der Erinnerung mit der Kinderzeit verbindet – einer Zeit, in der das Gefühl des Geborgenseins eine Selbstverständlichkeit war. Als Erwachsener oder älterer Mensch lernt man viele Facetten der Geborgenheit kennen. Man findet sie in Büchern, die einen stark bewegt haben, entdeckt sie, wenn auch flüchtig, im vertrauten Geruch einer Wiese, begegnet ihr an Orten, die einem bekannt sind, und erfährt sie mit Freunden und in der Familie. Sie ist ein Gefühl, das einem weder Besitz noch eine gute Versicherung geben kann. Geborgenheit zu nehmen und zu geben ist eine Erfahrung, die man jedem Mitmenschen wünscht! *kk*

Wünsch dir was!

Wir hatten beim Seniorenfest miteinander getanzt. Zum Tisch zurückgekehrt, sagte meine Partnerin mit einem Seufzer: „Mein Gott, wenn die Kapelle so einen langsamen Walzer spielt, dann steigen hundert Wünsche in mir auf! Sollte man

in unserem Alter nicht langsam wunschlos sein?" Ich mußte ihr widersprechen. Wunschlos sein, bedeutet tot zu sein! Wir brauchen unsere Wünsche und sollten sie pflegen. Mir geht das Wünschen noch ein bißchen durch den Kopf. Hinter dem Ritual der Wunschadressen zu Feiertagen und Familienfesten stecken doch zwei uralte menschliche Erfahrungen.
Mit Wünschen und Verwünschen kann ich direkt in das Schicksal eines anderen Menschen eingreifen. Davon erzählen nicht nur Märchen und Sagen, auch wir Menschen glauben an die „gute oder böse" Bedeutung der Wünsche.
Wer keinen Traum mehr träumt, reduziert sein Wünschen bald auf den gewöhnlichen Tagesablauf mit ein wenig Tratsch, Schlaf, Essen und Trinken, und dann ist dieser Mensch alt, uralt sogar. Dabei dürfen Wünsche durchaus banal sein, sie können doch neue Dimensionen eröffnen.
Der griechische Philosph Diogenes saß im Frühling vor seiner Hütte, als plötzlich Alexander der Große vor ihm stand. Dieser hatte von dem seltsamen, anspruchslosen Kauz gehört und sagte: „Was brauchst du? Jeder Wunsch sei dir erfüllt." Diogenes sah an dem mächtigsten Mann seines Jahrhunderts vorbei und sagte kurz: „Geh' mir aus der Sonne!"
Hier stehen sich zwei Welten gegenüber: machtvoller Reichtum und introvertierte Weisheit. Etwas von diesem Gegensatz findet sich im materiellen Lebensstandard, dem goldenen Kalb, um das wir gerne tanzen und der neuen Lebensqualität, die ältere, aber auch junge Menschen vor Augen haben.   lo

Kompetent in der Gesellschaft

Die Pensionszeit kommt so sicher wie das Amen im Gebet und weist uns recht nachdrücklich darauf hin, daß wir in die Jahre gekommen sind. Auch wenn wir uns selbst noch lange nicht pensionsreif fühlen, weiß es die Gesellschaft besser, die

Sozialversicherung bestätigt es, und der Lohnzettel belegt es schwarz auf weiß. Wir haben sie endlich erreicht, die angestrebte Pensionierung, den wohlverdienten Ruhestand und das beschauliche Rentnerdasein. Und wie geht es weiter?
Es war einmal ein Mann, der hatte sein Leben lang fleißig gearbeitet. Als er sein 65. Lebensjahr erreicht hatte, übergab ihm sein Herr eine Urkunde, einen Beutel Geld und wünschte ihm einen schönen Ruhestand. Der Mann setzte sich in einen bequemen Lehnstuhl, legte die Beine auf einen Fußschemel und lebte fortan glücklich bis an sein Ende. So in etwa könnte es im „Märchen vom Ruhestand" – frei nach den Gebrüdern Grimm – heißen. Doch die Wirklichkeit sieht anders aus, auch wenn Senioren einen bequemen Armsessel nicht verachten. Pensionisten haben zwar Zeit im Überfluß, aber sie verbringen sie nicht untätig in einem Lehnstuhl.

A︁LLES WANDELT SICH, NEU BE-
GINNEN KANNST D︁U BIS ZUM LETZTEN
AUGENBLICK.   Bertolt Brecht

Wer es sich gesundheitlich leisten kann, pflegt nicht nur sich selbst, sondern neben seinem Bekanntenkreis auch seine Hobbys, geht seinen Interessen nach und betätigt sich dort aktiv, wo es ihm gefällt. Daß es trotzdem bei manchem zu Depressionen oder zum gefürchteten Penionsschock kommt, hängt oft mit der Einstellung des einzelnen zusammen.   *sh*

Kein Ruhestand im Ruhestand

„Kein Ruhestand im Ruhestand!" rät Erwin Ringel in seinem Buch „Das Alter wagen", das er „als eine Art Kompaß" für sich selbst und andere Betroffene geschrieben hat. Als Professor für medizinische Psychologie sowie als Autor vieler Bücher und Publikationen wußte er, warum gerade diese Aufforderung für Pensionisten so wichtig ist. Dabei ist diese Empfehlung keineswegs eine Neuentdeckung unserer fortschrittlichen Zeit! Schon der griechische Staatsmann Solon (640-561 v.Chr.) sah im Lernen eine überaus positive Beschäftigung für ältere Menschen. Deshalb beschloß er, auch im fortgeschrittenen Alter nicht damit aufzuhören. Cicero (106-43 v.Chr.), der römische Politiker, setzte sich in seinen Schriften ebenfalls mit dem Alter auseinander. So läßt er z.B. den greisen Cato seine Altersgenossen eindringlich davor warnen, „sich der Lässigkeit und Untätigkeit zu ergeben".

Diese Aussagen muten nicht nur „modern" an, sie entsprechen auch dem aktuellen Stand in der Forschung. Wer sich geistig und körperlich beschäftigt, hält sich länger fit und bleibt aktiv, denn „Nichtstun ist der größte Streß". *sh*

„Künstler gehen nicht in Pension"
Im Gespräch mit dem Maler Professor Max Weiler
Jahrgang 1910

Der Künstler und Doyen der Tiroler Malerei, Professor Max Weiler, der schon früh internationale Anerkennung erntete, ist geradezu ein Paradebeispiel dafür, was ungebrochene Vitalität, schöpferische Leistungsfähigkeit und kreative Kraft auch bei steigendem Lebensalter vermögen. Mit seiner aktiven Lebenseinstellung kann er alten Menschen Mut machen, ihren „Lebensabend" konstruktiv und phantasievoll zu gestalten.

Womit, sehr verehrter Herr Professor, haben Sie sich Ihren Lebensoptimismus und die damit verbundene Schaffenskraft, die Sie nach wie vor auszeichnen, erhalten?

Sie müssen davon ausgehen, daß ich Künstler bin, und Künstler gehen nicht einfach in Pension. Seit 1928 bin ich kontinuierlich tätig. Ständig neue Ausstellungen und die fortwährende Teilnahme an zahlreichen Wettbewerben bedeuten aber nicht nur 67 Jahre Arbeit, sondern 67 Jahre ständiger Herausforderung zu Spitzenleistungen.

Was bedarf es Ihrer Ansicht nach, daß auch ältere Menschen in ihrem Umfeld und damit in unserer Gesellschaft eingebunden bleiben?

Einerseits Disziplin seitens der älteren Menschen, andererseits soll seitens der jüngeren Generationen das Alter nicht als Krankheit angesehen werden, sondern als natürlicher Prozeß in unseren Lebensabläufen. Alter an sich ist keine Kategorie. Es hängt im Einzelfall von den physischen, geistig-seelischen und finanziellen Rahmenbedingungen eines jeden Menschen ab, wie „alt" er sich fühlt. Die Wechselbeziehung zwischen jedem älteren Menschen und seiner unmittelbaren Umwelt, das Gefühl im aktiven Arbeitsleben einen positiven Beitrag zur Gesellschaft geleistet zu haben und weiter leisten zu können, halte ich für sehr wichtig. Vor allem die Achtung der jüngeren Generation vor älteren Menschen.

Was glauben Sie, kann die ältere Generation zu einer „Kultur des Alterns" beitragen?

Sie sollte versuchen, nach wie vor Anteil zu nehmen, im Kleinen an der unmittelbaren Umgebung und im Großen am Weltgeschehen, um so aktiv zu bleiben und den Kontakt mit den Jungen und Jüngeren nicht zu verlieren. Die Disziplin habe ich schon erwähnt, und ich wiederhole es noch einmal: Alte Menschen dürfen sich nicht gehen lassen.

Das Gespräch führte Silvia Hohenauer.

Aller Anfang ist schwer

Der Weg in die Pension ist mit mindestens ebensoviel guten Vorsätzen gepflastert wie der in den Himmel. Was nimmt man sich nicht alles für die Zeit vor, in der man endlich einmal „Zeit" hat. Pläne und Vorhaben, die immer wieder aufgeschoben wurden, sollen jetzt verwirklicht werden. Aber ist es erst einmal so weit, dann sieht die Sache anders aus. Man ist das „Rentnerdasein" noch nicht gewöhnt und muß sich an die veränderte Situation erst einmal anpassen.

Bei manchen von uns mangelt es einfach an der „Vorbereitung" auf die Pension. Denn so seltsam es erscheinen mag, auch für die Zeit des Ruhestandes muß in gewisser Weise Vorsorge getroffen werden. Seit Jahrzehnten kannte ich ihn als einen zufriedenen Menschen, und auch nach seiner Pensionierung wäre mir kein Unterschied aufgefallen. „Hast du eine Ahnung!" belehrte mich mein Onkel bei unserem letzten Treffen: „Was ich alles mitgemacht habe! Du kannst es lesen, ich habe es schwarz auf weiß." *sh*

Aus dem Tagebuch eines „Pension-Anfängers"

Letzter Tag in der Bank, komisches Gefühl nach 40 Jahren! Üblicher Streß, bin kaum vom Telefon weggekommen. Abends große Abschiedsfeier.
Habe nur geschlafen und nichts getan. Robert war mit den Kindern da, herzig wie immer. Die Frage der Kleinsten: „Tust du gar nichts mehr, Opa?" hat mir zu denken gegeben.

Habe ich jetzt nichts mehr zu tun?
Wie endlos ein Wochenende sein kann! Elli, meine bessere Hälfte, schaut seltsam, gefragt hat sie bisher nicht.
Hätte heute gerne in der Bank vorbeigeschaut. Lieber nicht, sonst heißt es nur: „Er kann's nicht lassen." Habe überhaupt keinen Auftrieb mehr, scheinbar fehlt mir der Streß. Darf ja nicht wahr sein ...!
Heute war Stammtisch. Großes Hallo und Gratulation zur Pensionierung. Kann das Wort nicht mehr hören!
Schon die dritte Woche in der „Rente". Habe das Gefühl, in ein schwarzes Loch gefallen zu sein, alles ist weg.
Versuche nicht sehr erfolgreich im Haushalt zu helfen. Bin für Elli zur Post und war einer alten Frau mit den Erlagscheinen behilflich. Heute auch wieder Stammtisch, mußte Fritz den Text der Lebensversicherung verdeutschen. Habe plötzlich eine Idee, noch unausgegoren, aber vielleicht klappt es, wäre herrlich!
Familienrat hat getagt, alle sind von meinem Plan begeistert. Sehr aktiv gewesen, endlich geht es wieder aufwärts!
Heute trau ich mich es niederzuschreiben, ab nächster Woche bin ich ein sogenannter Freizeitberufler und „arbeite" als Finanz- und Bankberater für Senioren!
Viel zu tun, muß mir jetzt meine Zeit einteilen. Ich sei ein neuer Mensch, hat Elli erklärt, und sie hat hundertprozentig recht!" (Robert, 65 Jahre)

Nicht jeder von uns hat einen Beruf, der eine so glückliche Lösung des Pensionsproblems ermöglicht. Deshalb gibt es Seminare, Kurse und neuerdings auch Schulen für die „frischgebackenen" Ruheständler. Keine Angst, weder Lateinübersetzungen noch Mathematikschularbeiten stehen auf dem Stundenplan. Hier geht es nur darum, dem Neu-Pensionisten den Übergang von der Arbeit in das Rentnerdasein zu erleichtern. Angeboten wird meist eine Mischung von

Theoretischem und Praktischem, wobei je nach Veranstalter das eine oder andere mehr betont wird.
Die „Harzwald-Schule" in der deutschen Stadt Braunlage im Harzgebirge ist so ein Beispiel aus der Praxis. Gegründet wurde sie von den Betriebskrankenkassen, die bis auf eine geringe Beitragszahlung auch für die Kosten aufkommen. Neben Unterrichtsfächern wie Ernährung, Gehirnjogging oder Umgang mit den Enkeln gibt es auch praktische Lerneinheiten wie Gymnastik, Tanzen und die Möglichkeit, neue Hobbys zu entdecken. Die Investition rentiert sich: positiv eingestellte Pensionisten sind weniger krank als ihre frustrierten, unausgefüllten Kollegen.
Auch hier sind persönlicher Einsatz und Wille gefordert, denn ohne Engagement nützt auch die beste Vorbereitung nichts, denn: „Wer zu allen Zeiten die Mittelmäßigkeit wählte", warnt Simone de Beauvoir, „dem wird es nicht schwer fallen, sich zu schonen, abzubauen." *sh*

Von der Not des Rollentausches

Nur wer weiß, wie Macht schmeckt, kann den Verlust von hohen Funktionen, gängigem Prestige und „sogenannter" Verehrung verstehen. Die Pensionierung wirkt wie ein Abstieg in die Bedeutungslosigkeit. Innere Nöte verdrängt man aus falschem Stolz, statt die angebotenen Hilfen und gegebenen Chancen zu nützen.

„Aus der Distanz des Alters gesehen, war viel Selbsttäuschung im Spiel. Als ich mein politisches Mandat erhielt, glaubte ich es selbst: ‚Ich werde nie vom Boden abheben, Macht bedeutet mir nichts!' Dann erging es mir wie allen, die eine hohe Position und Einfluß haben. Nicht anders meinte ich, wenn es Zeit ist abzutreten, tue ich es mit Vergnügen, dann hole ich alles nach, was an Freundschaft, Freizeit und Lebensqualität zu kurz gekommen ist. Aber auch hier hat

mich das allzu Menschliche eingeholt. Verlusterlebnisse und Enttäuschungen von allen Seiten. Ich habe Jahre gebraucht, um mich umzustellen." (Helmut, 74 Jahre)
Es ist schwer, sich von Macht, Status und gesellschaftlichem Ansehen zu verabschieden. „Hofübergabe" ist heute ein gängiger Ausdruck für eine solche Trennung geworden. *lo*

„Noch voll im Leben"
*Im Gespräch mit dem Südtiroler Alt-Landeshauptmann
Dr. Silvius Magnago
Jahrgang 1909*

Alt-Landeshauptmann Silvius Magnago ist ein lebendiges Beispiel für den Reichtum an Wissen und Erfahrung, der den Menschen mit den Jahren zuwächst und entgegenkommt. Er zeigt in seiner Person beeindruckend, wie dieses „Kapital" an die nachfolgenden Generationen weitergegeben werden kann, er nimmt die Funktion des „Brückenbauers" zwischen Alt und Jung überzeugend und glaubwürdig wahr.

Sie haben viele Jahre Südtirol gedient. Wie war Ihnen zu Mute, als Sie als Landeshauptmann und dann als Parteiobmann Abschied nahmen und in den Ruhestand getreten sind?

Stimmt, ich habe jahrzehntelang unserem Land gedient. Ich war zwölf Jahre Landtagspräsident, dann 28 Jahre Landeshauptmann und dazu 34 Jahre Obmann der Südtiroler Volkspartei. Wenn man so lange öffentliche Ämter bekleidet, hat man die Möglichkeit, viel Gutes zu tun, aber auch Fehler zu machen. Beides, das traue ich mich zu sagen, habe ich getan. Sie gebrauchen das Wort *gedient*, das gefällt mir. Im besten Bemühen meinem Volk, dem ich zutiefst verbunden bin, zu dienen, habe ich erfahren, daß Geben viel Schöner ist als Nehmen. Und heute erfahre ich als Lohn, daß mich die Leute mögen, um nicht zu sagen verehren. Ich habe mich aus der aktiven Politik verabschiedet mit der Überzeugung, ich habe meine Pflicht getan: das ist ein gutes Gefühl, wenn man alt geworden ist. Es ist beglückend, im hohen Alter auf ein erfülltes Leben zurückzuschauen. Das läßt die Alterswehwehchen vergessen, es gibt Kraft und Freude, auch diese Lebensphase noch voll zu leben. Wenn man dazu noch einiges leisten kann, erfährt, daß man noch gebraucht wird, ist das ein besonderes Geschenk. Unsere Generation hat im Krieg viel erlitten und im Wiederaufbau der Heimat viel geleistet. Heute haben wir einen Anspruch, von der jüngeren Generation geachtet zu werden und auch von ihr Hilfe zu erfahren, wenn wir sie brauchen.

Wie verbringen Sie jetzt Ihre Tage?

Ich denke viel über meine Tätigkeit und das Geschehen in Südtirol und in der Welt nach. Wenn ich noch einmal jung wäre, würde ich einiges anders machen, aber das meiste würde ich so zu lösen versuchen, wie ich es in der Vergangenheit getan habe. Ich lebe mit dem täglichen politischen Geschehen voll mit, informiere mich über alles und diskutiere mit Freunden die Fragen, die die Gesellschaft bewegen. Auf dieses „Dabeisein" könnte ich niemals verzichten. Dann wäre ich einsam. In meiner Freizeit widme ich mich meinem Garten. Da kann ich total abschalten. Mit Freude reiße ich das Unkraut aus, weil ich weiß, daß sich dann das Gute entwickeln kann. Ich lese viel, besonders Bücher, die sich mit der Geschichte, aber auch mit der Jetzt-Zeit befassen.

Sie sind weit über achtzig. Welche geistigen Reifungsschritte macht man in diesem Alter?

Sie haben von Reifungsschritten gesprochen. Allein durch die große Erfahrung, die man im Laufe des Lebens gesammelt hat, gibt man viel reifere Urteile ab. Man wird toleranter und vorsichtiger, bevor man jemanden lobt, kritisiert, vielleicht auch einen Rat gibt. Ich bin überzeugt, daß keine Generation auf die Erfahrung und den Rat der „weißhaarigen" Menschen verzichten kann. Wie weit sie diese Weisheit der Alten in Anspruch nimmt, hängt nicht zuletzt von uns Senioren ab. Toleranz, Wohlwollen, Hilfsbereitschaft wird die Grundstimmung sein müssen, damit Alt und Jung gut zusammenleben.

Das Gespräch führte Konrad Köhl.

Fange nie an aufzuhören, und höre nie auf anzufangen

Viele Senioren sind noch agil, wendig und durchaus bereit, sich Herausforderungen zu stellen oder neue Aufgaben zu übernehmen.
In der Schweiz hat sich durch private Initiative eine Stiftung konstituiert, deren Ziel es ist, besondere Leistungen im Alter zu prämieren und zu veröffentlichen. Laut Ausschreibung werden Personen ab 60 Jahren angesprochen, die besonders wertvolle Beiträge zur Kultur und Wissenschaft leisten. Schon der Erfolg der ersten Prämierung 1992 überzeugte. Elf Preisträger wurden aus 325 Arbeiten von Fachleuten ausgesucht. Erfreulich ist, daß diese beispielhafte Initiative als „Stiftung Kreatives Alter" europaweit ausgerichtet ist. *sh*

Endlich lernen, was Spaß macht

Hätte uns jemand vor 40, 50 Jahren gesagt, daß uns lernen Spaß machen kann und sich manchmal wie ein wahres „Lebenselexier" auswirkt, wir hätten schallend gelacht. Nun haben wir aber in unserem Alter eine andere Ausgangsbasis. Lernen hat für uns nichts mehr mit schulmäßigem Zwang zu tun. Wenn wir uns weiterbilden, tun wir es freiwillig. Wir holen uns im wahrsten Sinn des Wortes „die Rosinen aus dem Kuchen", indem wir uns in den Volkshochschulen, bei Kursen und auf der Universität nur das aussuchen, was uns tatsächlich interessiert.
1973 wurde in Tolouse die erste „Altersuniversität" gegründet, und seitdem hat sich das Seniorenstudium und die Weiterbildung für ältere Menschen stark entwickelt. Fragt man nach den Gründen, so ist nicht nur das wachsende Selbstverständnis daran schuld. Neben der Suche nach neuen Kontakten und sozialen Beziehungen – oder der Verwirklichung lebenslanger Studiumswünsche – nützen die Senioren einfach die Chance zur Weiterentwicklung. *sh*

Wie viele weitere Möglichkeiten es gibt, zeigt ein Bericht aus Brixen: Die in der Cusanus-Akademie veranstalteten Seniorenkurse erfreuen sich steigender Beliebtheit. Nicht selten helfen sie, verborgene Talente der Senioren zu entdecken, zu mobilisieren. Unsere Gesellschaft braucht die Erfahrung und die Kompetenzder älteren Mitbürger. So ist auch politischer Einsatz nicht selten eine Folge der Weiterbildungsveranstaltungen. „Hier lernen wir unsere Situation aus verschiedenen Blickwinkeln zu analysieren, entwickeln Veränderungsstrategien und setzen dann die Verantwortlichen in den Gemeinden unter Druck!" sagte ein ehemaliger Bankbeamter.
Als besonders hitzig erweisen sich immer wieder Diskussionen zum Thema „Jugend von heute". Offen werden die Pro-

bleme der Senioren in ihrem Verhältnis zur jungen Generation angesprochen. „Das sind sympathische junge Leute", war das allgemeine Echo der Teilnehmer und Teilnehmerinnen eines Seniorenkurses nach einer Begegnung mit einer Klasse von Oberschülern. „Die Jungen erzählten aus ihrem Alltagsleben und von ihren Freuden und Sorgen in der Schule. Im Gegenzug schilderten wir Senioren die primitiven räumlichen Zustände in unserer Schulzeit anno 1925, wie einfach Schreibmaterial und Lehrmittel waren und was es mit der Autorität der Lehrpersonen von damals auf sich hatte. Es war eine gelungene Veranstaltung, bei der Vorurteile abgebaut und gegenseitiges Verständnis geweckt wurde."
Die Motivation zur Teilnahme an Seniorenwochen ist aber nicht nur der Wunsch nach Weiterbildung. Soziale Aspekte spielen eine große Rolle: Bekannte zu treffen, in Gemeinschaft zu sein, abwechslungsreiche Abende und kleine Feiern zu genießen, sich für wenig Geld – die Kurse werden subventioniert – an den gedeckten Tisch setzen zu können: alles in allem Gründe genug, um wieder zu kommen. *kk*

Großeltern haben meistens Saison

Es gibt eine Gruppe von Pensionisten, die weder über Langeweile noch über mangelndes Ausgelastetsein klagen. Die Rede ist von den Großeltern, jenen notwendigen Stützen, ohne die mancher Familienalltag anders aussehen und verlaufen würde. Die Großeltern von heute haben nicht mehr viel mit den Opas und Omas von damals zu tun. Sie sind jünger geworden, nicht nur den Jahren und dem Aussehen nach. Meist noch berufstätig fahren sie Mountainbike, spielen Tennis, machen Fernreisen und sind nach wie vor Anlaufstellen für Töchter, Söhne, Schwiegerkinder und besonders für Enkel.
Da es so viele junge Omas gibt, ist auch die Anzahl der Urgroßmütter im Steigen. Manchmal jedoch wird die Vorsilbe

„Ur" zur Barriere und vergrößert den Abstand zwischen den Generationen. *sh*

Murmeln contra Gameboy

Es war in den letzten Jahren still um sie geworden. Sie war so gerne Urgroßmutter gewesen, nun hatte ihre Tochter als Oma die Nachfolge angetreten, und sie sah den Kleinen viel zu wenig. Die telefonische Anfrage ihres Enkels Stefan hatte sie daher in freudige Aufregung versetzt, was sie geschickt verbarg: „Selbstverständlich kannst du mir den Buben bringen ... Ich weiß, daß ich 83 bin ... Nein, Michi wird keine Belastung sein!" Und da saß er nun, der siebenjährige Michael, ihr erster Urenkel, und verhielt sich so wohlerzogen, daß sie die Ermahnungen seiner Eltern förmlich hören konnte: „Sei brav, nimm Rücksicht!" Zur Unterhaltung hatte er seinen Gameboy mitnehmen dürfen, den er eifrig handhabte. „Komm mit in den Garten, Michi!" sagte sie und brav lief er ihr nach. „Schön hast du's, machst du alles selbst Uroma?" Sie bejahte, und er begann ein wenig hin und her zu laufen. Jetzt hatte sie ihn endlich dort, wo sie ihn haben wollte, und schon kam die erwartete Frage: „Was ist das, dort rückwärts?" – „Urgroßvaters Bocciabahn", antwortete sie auf das langgestreckte Sandgeviert deutend. Boccia, das kannte Michi vom letzten Meerurlaub. „Kann man da auch was anderes spielen?" Sie nickte heftig: „Achterbahnen für Murmeln bauen." Erwartungsvoll sah er sie an. Sie holte das griffbereit hingestellte alte Spielzeugeimerchen und ließ die Kugeln in den Sand rollen. Glasmurmeln in allen Regenbogenfarben, die im Sonnenlicht schimmerten.
Bis die Dämmerung kam, waren aus Wasser und Sand Türme, Brücken und Straßen entstanden. Sie war vom ungewohnten Knien steif, aber voller Hoffnung und Michi schmutzig und überglücklich. Nach dem Abendessen lag der Kleine endlich

im Bett, in dem Zimmer, das seine Oma bewohnt und sein Vater als Kind in den Ferien häufig benutzt hatte.
„Und morgen Uromi, da lassen wir sie rollen!" – „Natürlich", sagte sie, ihm die Wange streichelnd. Beim Hinausgehen griff sie in ihre Kleidertasche und begann mit einer vergessenen Murmel zu spielen, und das Glas wurde in ihren Händen warm und lebendig. *sh*

Ein unschätzbares Kapital

Zwar stellen die Senioren immer wieder ihre vielfältige Kompetenz unter Beweis, und doch reagiert die Gesellschaft noch nicht in dem Ausmaß, wie sie es sollte. Man müßte einmal die Überlegung anstellen, wie denn unsere Welt aussähe, müßte sie auf das riesige Potential an materieller und ideeller Leistung der Altengeneration verzichten:
Die vielfältigen Einrichtungen der Weiterbildung würden mit einem Schlag kompetente Fachleute, Referentinnen, Organisatoren, Kursleiterinnen und Reiseführer verlieren. Wie stünden die wissenschaftlichen Institute und Forschungsprojekte ohne Konsulenten und Beraterinnen da? Wer könnte das Personalloch in den Familienbetrieben ersetzen, wer stünde in Notfällen für Vertretung und Aushilfe zur Verfügung? Schwer betroffen wäre auch der soziale Bereich, denn der Ausfall der ehrenamtlich tätigen Senioren würde die Hauskrankenpflege, die Behinderten- und Altenversorgung zum Erliegen bringen, nicht weniger hart wäre auch die Kirche in all ihren Institutionen getroffen.
Eine schreckliche Vorstellung? Nicht auszudenken: Gäbe es die älteren Leute nicht mit ihrem Können, ihren Erfahrungen und ihrem unbezahlten Einsatz, die Gesellschaft müßte sich grundlegend verändern. Das Schlimmste aber wäre, der allgemeine Verlust von Wärme, Toleranz und Menschlichkeit, die unser Zusammenleben erst ermöglichen. *lo*

„Sich Visionen erhalten"
Im Gespräch mit dem ORF-Journalisten Hans Benedikt
Jahrgang 1925

Viele Jahre lang stand Hans Bendikt im Rampenlicht der Öffentlichkeit. Seine Berichte direkt von den Kriegsschauplätzen vermittelten den Zuschauern das Gefühl, hautnah am Zeitgeschehen teilzunehmen. Die mutigen Einsätze und die bemüht objektive Berichterstattung sind noch in bester Erinnerung.

Sie waren beim ORF in einer einflußreichen Stellung tätig. Seit einiger Zeit sind Sie in Pension. Ist Ihnen dieser Schritt schwer gefallen und fühlen Sie sich jetzt zum „Alten Eisen" gehörig?

Altern ist für mich kein Thema, und ich habe Wichtigeres zu tun, als an die Pension zu denken. Verändert hat sich wenig, nur die Umstände sind anders geworden. Meine Chef-Funktion habe ich eher als „Hilfe-Stellung" für junge Mitarbeiter gesehen, deren Anerkennung mir heute beweist, daß ich richtig gehandelt habe.

Wie können ältere Menschen in unserer Gesellschaft integriert bleiben?

Anderen Ratschläge zu geben heißt Verantwortung zu übernehmen, die ich eigentlich nicht übernehmen kann. Ich glaube aber, daß das Lebensmuster Alter nicht dominiert, sondern eine Begleiterscheinung ist. Nur gegen die Lustlosigkeit muß man sich wehren. Ältere Menschen sollten ihre Lebensbahnen fortsetzen, denn sie haben immer noch etwas mitzuteilen und weiterzugeben.

Brauchen wir als Gegenpol zum Jugendkult so etwas wie eine „Kultur des Alterns"?

Ich hätte Angst davor, Verhaltensmaßregeln mit dem Stempel „Kultur" zu bekommen. Als viel wichtiger sehe ich es an, materielle Härten zu lindern und den älteren Menschen die Chance zu geben, länger arbeiten zu können, vorausgesetzt, sie wollen es. So käme es zu einer gewaltigen Anreicherung des Talentpotentials. Eines sollten sich die Älteren und Alten auf jeden Fall bewahren: Ihre Phantasie und ihre Visionen, denn dadurch bleibt die Welt um einiges reicher!

Das Gespräch führte Silvia Hohenauer.

ERFÜLLTES LEBEN

Kummer und Leid

Leiden ist ein zweischneidiges Schwert: es kann das Reifen begünstigen, aber es kann auch verbittert machen, den Glauben an einen Gott der Liebe, der Güte und der Zuwendung zerbrechen.

Immer wieder wurde behauptet, es kann keinen guten Gott geben, weil es so viel Leid und Elend gibt. Wenn der Philosoph Leibniz ausführt, daß Gott die „bestmögliche" Welt erschaffen hat, dann kann man das heute nicht so einfach nachvollziehen.

Wir stehen fassungslos vor dem Meer von Leiden, Tod, Qual und Vernichtung. Wir verstummen in Ohnmacht vor tödlicher Krankheit, vor quälenden Schmerzen, aber auch vor den nicht endenwollenden furchtbaren Katastrophen der Welt und der Menschheit.

Da gibt es keine letzte gültige Erklärung, obgleich Menschen aller Zeiten versucht haben, auf das Geheimnis des Leidens eine Antwort zu finden:

- Das Leid sei direkter Ausdruck einer Strafe Gottes. Jesus weist eine solche Deutung entschieden und deutlich zurück (vgl. Joh. 9,29).
- Es sei Ausdruck einer besonderen Zuwendung Gottes. Deshalb könnte man auch sagen: „Ein echter Christ nimmt das Kreuz in beide Arme!" Jesus aber hat dem Leiden den Kampf angesagt.
- Sich mit der Unbegreiflichkeit Gottes und dem Negativen in der Welt abzufinden, rät Kohelet:
„Gott hat das alles zu seiner Zeit auf vollkommene Weise getan ... nur, daß der Mensch das Tun Gottes von seinem Anfang bis zu seinem Ende nicht versteht." (Koh 3,11)

kk

Fragen ohne Antwort

Von Krankheit und Unglück schwer getroffen, hat Ijob brennende Fragen an seinen Schöpfer: „Warum starb ich nicht vom Mutterleibe weg ..." (Ijob 3,11) „Warum gab er den Leidbeladenen Licht, verlieh das Leben den zu Tod Betrübten?" (Ijob 3,20) Jahwe gibt Ijob eine sonderbare Antwort: „Wo warst du denn, als ich die Erde gründete? Sag an, wenn du so große Einsicht hast!" (Ijob 38,4)
Die Botschaft ist streng und unmißverständlich: wir sollen Gott nicht zur Rechenschaft ziehen. Er ist der „ganz Andere", und viele Gesetzmäßigkeiten des Daseins sind unserem Geist verschlossen. Geheimnisvolles, ja Widersprüchliches umgibt uns, das wir nicht zu enträtseln vermögen, und mit den „offenen Fragen" müssen wir leben.
Rainer Maria Rilke, der selbst viele Höhen und Tiefen durchschritten hat, schrieb folgenden Satz: „Göttliche Güte ist unbeschreiblich an göttliche Härte gebunden."

> **H**EIMSUCHUNG IST EIN WORT AUS DER BIBEL, EIN GROSSES UND SCHWERES WORT, UND FAST IMMER GING GOTT DABEI AUF DIE SUCHE.   Ernst Wiechert

Es gibt viele Formen des Leides. Materielle Not, Krankheit, betrogene Liebe, Verleumdung, Verlust eines Kindes, Partners, Schändung, Folterung, Vertreibung aus der Heimat ... Die moderne Literatur ist voll davon, nicht anders die Kunst seit den großen Kriegen. Aber Leid ist Teil des Lebens, läßt Menschen reifen und führt sie zusammen. „Die Familie war dagegen, aber er ließ es sich nicht nehmen, das Drachenfliegen. Ein Anruf der Gendarmerie, des Krankenhauses. Querschnittgelähmt, der Älteste, gelernter Tischler, der den Betrieb übernehmen sollte. „An dem Tag ging für mich die

Sonne unter", so der Vater. Anders Harald: „Ich will leben, wieder arbeiten, ihr müßt mir helfen!" Und sie halfen ihm. Die Werkstatt wurde umgebaut, die Erzeugung umgestellt. Leid kann Kräfte mobilisieren und den Menschen über sich hinauswachsen lassen. Harald arbeitet im Rollstuhl, ist ein ausgeglichener Mensch. „Noch nie habe ich mich mit meinem Sohn so gut verstanden, war es bei uns im Haus so friedlich!", sagt der Vater. Ein Sonderfall, einer unter vielen?

Jesus gab keine theoretische Antwort auf die Frage nach dem Leid. Er kämpfte gegen das Unrecht, linderte Schmerzen. Eine unübersehbare Schar hilfsbereiter Menschen ist durch die Jahrhunderte Jesu Spuren gefolgt. Wieviel Kreuz und Leid haben sie tragen geholfen, und wie viele tun es auch heute noch! Dies läßt die Hoffnung wach bleiben, daß einmal alles Mangelhafte und Leidvolle weggenommen werden soll – „...und er, Gott, wird bei ihnen sein. Er wird alle Tränen von ihren Augen abwischen: der Tod wird nicht mehr sein, keine Trauer, keine Klage, keine Mühsal." (Offb 21,3-4)   *kk*

Ich bin dankbar, daß es so gekommen ist ...

Der Wunsch zum Jahreswechsel „Bleib gesund!", ist eine häufige Redewendung, der meist die feststehende Reaktion folgt: „Das wäre die Hauptsache!" Niemand bestreitet, daß Gesundheit ein hohes Gut ist, aber ist sie die Hauptsache schlechthin? Kann ein Kranker nicht ein Reiferer werden, und manche unbekannte Seite seines Lebens neu entdecken?

> ES GIBT ZUFÄLLE, AN DENEN SIND
> NOCH DIE FINGERABDRÜCKE
> GOTTES.   Nikolaus Cybinski

Ein Schlaganfall hatte ihn mitten aus der Lehrtätigkeit herausgerissen. Schwere Krisen waren die Folge. Nach Jahren

inneren Kampfes mit sich und seinem Gott ist er sich nun in der Deutung seines Leids sicher: „Ich bin dankbar, daß es so gekommen ist, und bin ein anderer geworden. Nun weiß ich, was wichtig ist, denn Liebe und Güte sind die tragenden Pfeiler meines Lebens."
Der Schweizer Anthropologe Adolf Portmann sieht die verschiedenen menschlichen Beschränkungen in einem größeren Entwicklungszusammenhang. Das Lebewesen Mensch sei in seiner Kindheit am längsten auf andere angewiesen. Die Natur habe das, meint Portmann, so eingerichtet, damit das Kind glauben und lieben lernen könne. Der Innsbrucker Bischof Reinhold Stecher führt dies reflektierend weiter aus: „Gilt das nicht auch für das Phänomen der Behinderung? Läßt das Gott vielleicht zu, damit man glauben und lieben lernt? Und zwar bei beiden, den Sorgenkindern und den um sie Besorgten?" (Kirche präsent, Nr. 28/92) *kk*

Erfahrungen mit Begrenzungen

So wichtig Anerkennung und mitmenschliche Zuwendung auch sind, in der dritten Lebensphase fließen beide erfahrungsgemäß immer spärlicher. Plötzlich muß man mit neuen und zum Teil recht beeinträchtigenden Situationen fertig werden. Daß dadurch einerseits die ganze Person mit all ihren Fähigkeiten gefordert wird, ist klar, andererseits braucht es aber auch die Mitmenschen, die hier besondere Hilfestellung leisten können. *kk*

Der Relativierungskünstler

Er war Bauer und für drei Jahrzehnte Bürgermeister der Gemeinde. Das Auto war ihm ein lieber Gefährte, mit dem er gerne in Begleitung seiner Frau durch die Lande fuhr. We-

nigstens einmal in der Woche traf er sich im Dorfgasthaus mit Freunden zum heißgeliebten Kartenspiel. Die Jahre flogen dahin und eines Tages feierte der bereits pensionierte Mann seinen achtzigsten Geburtstag. Bald danach mußte er schweren Herzens auf das Auto verzichten, zu langsames Reagieren war der Grund. Da hörte man ihn lächelnd sagen: „Ich kann ja noch aufs Fahrrad steigen." Wenig später mußte er sich von Stammtisch und Kartenspiel verabschieden, die Konzentrationsfähigkeit war nicht mehr gegeben. Sein kurzer Kommentar: „Ich kann ja noch Zeitung lesen und fernsehen." Seine positive Lebenseinstellung hat er sich allen Begrenzungen zum Trotz bewahrt und aus seiner Situation das Beste herausgeholt. *kk*

Eine Arznei gegen Vereinsamung und Traurigkeit

Es trifft uns alle im Verlauf des Älterwerdens. Immer mehr liebe Mitmenschen sterben weg. Meine Mutter starb im gesegneten Alter von 89 Jahren. Wenn sie im letzten Jahrzehnt ihres langen Lebens im Dorf herumschaute, stellte sie fest: Fast alle Freunde und Bekannte aus der Jugendzeit sind nicht mehr da, es ist einsam geworden. Neue Kontakte aufzubauen, die auch den emotionalen Bereich mit einbeziehen, fällt älteren Menschen nicht leicht. Wenn dann noch die Trauer über einen verstorbenen Partner oder Freund dazu kommt, wiegt der Verlust doppelt schwer.
Der Tod ihres Mannes war für Frau Händel ein Schock, auf den sie über Wochen hin fixiert war. Ein Erleben, das immer schwerer und schmerzlicher wurde, bis andere sie liebevoll darauf aufmerksam machten, doch das viele Positive zu sehen, das sie noch immer hatte: keine finanziellen Sorgen, keinen Hunger, eine schöne Wohnung, die sogar im Winter von der Sonne erhellt wird. Und getreu dem weisen Ausspruch von I.F. Görres: „In Wirklichkeit gibt es nur eine Arznei ge-

gen die Traurigkeit: den Dank", versuchte sie, für all das ihr Verbliebene dankbar zu sein. *kk*

Das „Lassen" hat mich nicht mehr losgelassen

Martin Luther schrieb von der „Freiheit eines Christenmenschen". Er meinte damit die innere, aber auch die gesellschaftliche Freiheit. Beide haben viel mit dem „Lassen-Können" zu tun. Dazu bereit zu sein, gehört zu den Begrenzungen im Alter und ist gerade im Hinblick darauf eine Lebensphilosophie besonderer Art. Dabei ist das „Lassen" nicht so einfach zu praktizieren.
Leicht ist es mir nicht gefallen, meinen Schreibtisch und gleichzeitig auch mein Lebenswerk dem Nachfolger zu „überlassen". Aber ich gab mir Mühe und neidlos schaue ich jetzt zu, wie ihm seine Neuerungen gelingen.
Ähnlich gelagert sind die Gefühle beim „Vorlassen": wenn einen zuerst der zwölfjährige Sohn und einige Zeit später der achtjährige Enkel auf der Schipiste abhängt, wenn man bei Veranstaltungen nicht mehr zu den Ehrengästen gehört und zum Neuen Jahr die vielen Glückwünsche ausbleiben.
Auch das „Zulassen" sagt sich leichter, als es getan wird. Zuzulassen, daß unsere vier Kinder ihre eigenen Wege gehen, die wir uns doch ganz anders vorgestellt haben. Erst spät verstanden wir, wie richtig es ist, daß sich Kinder nach ihren Fähigkeiten und Wertvorstellungen entwickeln.
Das Schwerste ist das „Loslassen" sowohl von materiellem als auch von ideellem Besitz. Doch zu Lebzeiten mit ein paar schönen Dingen Freude zu stiften, ist klüger, als Erbstreit zu hinterlassen. Härter ist, die eigenen Kinder loszulassen und als Eltern in den Hintergrund treten zu müssen.
Aber wer Altes losläßt, tut sich leichter, sich auf Neues einzulassen, und das praktiziere ich nun mit Freude. *lo*

„Gevatter Tod" – Erfüllung unseres Lebens

Eine Grundregel der Psychohygiene, der es um das psychische Wohlbefinden des Menschen geht, sagt: „Der Mensch muß sich bewußt allen Wirklichkeiten seines Lebens stellen, den positiven genauso wie den negativen. Nur so erlangt er das notwendige seelische Gleichgewicht." Dazu gehört nicht nur das Altern, sondern auch der Tod.
In der heutigen Gesellschaft wird Sterben und Sterbenmüssen verdrängt und tabuisiert. Früher war man in dieser Beziehung klüger, wie Philippe Ariés in seinem Buch „Der Mensch vor dem Tod" aufzeigt. Anton Pircher bietet eine Zusammenfassung dieses Titels und schreibt: „Fast zwei Jahrtausende lang ist im Abendland die Grundeinstellung der Menschen zum Tod nahezu unveränderlich geblieben. Der Tod war ein vertrauter Begleiter, ein Bestandteil des Lebens, er wurde akzeptiert und häufig als eine letzte Lebensphase der Erfüllung empfunden.
Seit dem 19. Jahrhundert hat sich ein entscheidender Wandel vollzogen. Der Tod ist für den heutigen Menschen angsteinflößend und unfaßbar, in der modernen leistungsorientierten Gesellschaft nicht eingeplant. Der Mensch stirbt nicht mehr in der Familie, sondern einsam und der Öffentlichkeit entzogen, um den ‚eigenen Tod' betrogen."
Wolfgang Amadeus Mozart hat vor allem heitere Musik komponiert, erstaunlicherweise erschien ihm dabei ausgerechnet der Tod eine wichtige Quelle seiner Heiterkeit zu sein: „Da der Tod das Ziel unseres Lebens ist, so habe ich mich mit diesem wahren Freund des Menschen so bekannt gemacht, daß sein Bild nichts Schreckendes mehr für mich hat, sondern Beruhigendes und Tröstendes. Und ich danke meinem Gott, daß er mir das Glück gegönnt hat, ihn als Schlüssel zu unserer wahren Glückseligkeit kennenzulernen. Ich lege mich nie zu Bette, ohne zu bedenken, daß ich viel-

leicht den anderen Tag nicht mehr sein werde, und es wird doch kein Mensch sagen können, daß ich im Umgang mürrisch und traurig wäre." Sterben als etwas Schönes und Befreiendes?

In diese Richtung weisen Berichte sogenannter „klinisch Toter", z.B. der des Architekten Stefan von Jankovich aus Zürich: „Ich fand diesen Zustand sehr schön ... natürlich. Ich fühlte mich so erleichtert, ja erlöst, und ich hatte das Gefühl: endlich bin ich soweit."

Und wie sehen wir es als Christen? „Wer richtig glaubt, der dürfte kaum Angst vor dem Sterben haben!", behaupten gelegentlich „Superchristen". Das Ölberg-Leiden Jesu gibt darauf eine deutliche Antwort: „Und er betete in seiner Angst noch inständiger, und sein Schweiß war wie Blut ..." (Lk 22,44) Wenn sich Jesus Angst vor dem Tod geleistet hat, dann dürfen auch Gläubige dieses Gefühl haben. Trost bringt auch der Gedanke, daß es einer großen Zukunft entgegen geht: „Da gibt es keinen Tod mehr, keine Tränen, keine Schmerzen mehr." (vgl. Offb 21,4) *kk*

Sein letzter Kirchgang

Es geschah noch einmal, wie sie es auf Budam immer taten. Vier Nachbarn tragen den Sarg aus der Stube und legen ihn auf den Wagen mit Blick zum Haus. Ganz nahe die Altbäuerin, seine Frau, und die neun Kinder. Verweint sehen sie in die offene Haustür, wo er so gern gestanden hatte, wenn sie heimkamen, und sein „Grüß di ..." sagte, mit Freude im Gesicht, das von Mal zu Mal schmäler wurde. Der Haflinger zieht an, und der Altbauer auf Budam tritt seinen letzten Kirchweg an.

Während ein junger Nachbar mit kräftiger Stimme den schmerzhaften Rosenkranz vorbetet, ein kalter Luftzug und ein bedeckter Himmel über dem dürftig verschneiten Tal uns alle frösteln macht, kommen und gehen mir Bilder durch den Sinn. Das Leben hat so viel mit Wegen zu tun. Mir ist, als gingen sie unter der Erde alle mit, die kleinen Geschwister, die der Vater im Sarg auf dem Arm zum Friedhof trug, die Mutter, die wir am zweiten Frauentag unter einem Himmel begruben, dessen Helle in den Augen schmerzte – wir Kinder waren doppelt verstört, so ausgesetzt im Mitleid der Gemeinde zu stehen. Es folgten die Tante, die selten übers Kirchdorf hinausging, aber nie heimkehrte, ohne uns Kindern etwas mitzubringen, und der Onkel Josl, in dessen Gesicht hundert goldene Geschichten wohnten, und schließlich der Vater selbst. Mein Bruder und ich hatten ihn aus der Stube getragen, wir beide im besten Alter. Und nun geht auch er, der Bruder, auf eigene Art wehrlos, wie die anderen vor ihm. Er hatte es schon länger mit dem Herz. Die Ärzte taten ihr Mögliches. „Abgerackert, keine Reserven mehr", meinte der Professor. Der Bruder, hätt' er es noch gehört, hätte dazu gelacht: „Anders derlebt man's auf dem Berg nicht!"

Sein Stolz war es gewesen, von seinem „Hoamatl" auf 1500 Meter zu leben. Ohne Bruch war ihm der Wechsel von der bergbäuerlichen Selbstversorgung zum marktangepaßten Viehzucht-Bergbauern gelungen. In einer Treue zum Hof, die mehr im Gesetz des Herzens als im wirtschaftlichen Denken begründet war, nannte er sich „den Letzten da oben".

Im Sommer erst saß ich an einem frühen Feierabend mit ihm auf dem Söller. Wir sahen übers Tal hin und in unser Leben zurück. Beide meinten wir, vor die Wahl gestellt, würden wir wieder ins selbe Geschirr steigen. Dabei hat er – so schätze ich – seinen Acker besser bestellt. An seinem Tagewerk wurde mir das Bibelwort einsichtig: „Es ist viel Speise in den Furchen der Armen." Der Psalmist meint damit weniger die karge Ernte als den Natur- und Lebensbezug, die Liebe zu Mensch, Tier und Pflanze im Respekt vor Gottes Schöpferauftrag. Je älter ich werde, umso mehr kehre ich wieder zur stillen Weisheit und zur Werthaltung der Menschen zurück, die am Rande der Gesellschaft – man könnte auch sagen: am Rand unserer Profitgesellschaft – tun, was nötig ist. Das hat mein Bruder damals auch gesagt, er habe getan, „was nötwendig isch".

Inzwischen gelangt der kleine Begräbniszug zu den ersten Häusern von Obermauern. Am Weg vor ihren Türen stehen die Dorfleute und schließen sich betend den Angehörigen an. Der Kirche gegenüber, am Dorfplatz hält der Wagen. Der Vorbeter beginnt mit gleichbleibender Frische das Ablaßgebet. Ich sehe vor dem Sarg den jungen „Budamer" stehen, blond, hochgewachsen und tieftraurig, und ich sehe durch die kalten Nebel die Konturen des schon fernen Hofes und weiß: dieser Tote war nicht der Letzte dort oben. *lo*

Lachen tät i ...

Ein sehr bekannter, in der kulturellen Szene Wiens bedeutender Mann unterhält sich schwer krebskrank vor seinem Tod mit Freunden über das Sterben. Der provokante Satz „Lachen tät i, wenn es nachher etwas gäbe!", war wohl mehr eine Hoffnung, mit versuchter Lässigkeit formuliert.

Ich bin überzeugt, er wird gelacht haben, als er sein reiches, buntes Leben seinem Gott in die Hände legen konnte, in die Hand, in die auch sein Name geschrieben war.

DER MENSCH KANN NICHT LEBEN
OHNE DAS DAUERNDE VERTRAUEN ZU
ETWAS UNZERSTÖRBAREM.   Franz Kafka

Das Fragen nach den letzten Dingen, der Glaube an Gott und an ein Weiterleben nach dem Tod ist den Menschen in die Seele gelegt. Auch die Philosophen, die lautstark „Gott ist tot" verkündeten, blieben in ihren Zweifeln hängen.

Bekannt ist ein Ausspruch des französischen Aufklärungsphilosophen Voltaire, der nach einem Vortrag, in dem er nachweisen wollte, daß es keinen Gott geben kann, den applaudierenden Freunden sagte: „Jetzt bräuchte es nur noch einen, der auch mich überzeugt, daß es keinen Gott gibt."
„Die Liebe ist ein Schrei nach Unendlichkeit", so formulierte es der bekannte Theologe Joseph Ratzinger. Die Hoffnung auf Liebe und Glück begleitet uns alle ein Leben lang, sollte diese tiefverwurzelte Sehnsucht ohne Erfüllung bleiben? Ist sie nicht eher als Hinweis zu verstehen, daß das „Leben" weitergehen wird? Lebt der Mensch nicht in dem Bewußtsein, irgendwann Rechenschaft für sein Tun geben zu müssen?
In seinem Buch „Die Brüder Karamasov" versucht Fjodor Dostojewski eine Antwort: Zu einer verzweifelten Frau sagte der altehrwürdige Starez Sassima: „Beweisen läßt sich da gar nichts. In dem Maße aber, als Sie Fortschritte machen in der Liebe, werden Sie sich überzeugen sowohl vom Dasein Gottes wie von der Unsterblichkeit Ihrer Seele." *kk*

Wißbegierig griffen sie nach dem Jenseits

Ein liebendes Paar waren sie Zeit ihres Lebens. Nun riß der Tod sie entzwei. Vor einigen Tagen wurde der Mann zu Grabe getragen, zurück blieb die tieftrauernde Witwe.
Wo wird der Mann jetzt sein? Wird es ihm gut gehen? Zufällig hörte die einsame Frau von einem Medium in der nahen Stadt, das die Fähigkeit haben soll, mit Toten in Kontakt zu treten. Auch Botschaften von verstorbenen Angehörigen könnten übermittelt werden.
Wer wollte der Trauernden es verargen, daß sie von einer unwiderstehlichen Kraft zur Frau mit der „Jenseitsantenne" getrieben wurde? Und man kommt aus dem Staunen nicht mehr heraus, sie erhält gute Nachrichten von ihrem geliebten Mann.

Grundsätzlich kann nicht in Abrede gestellt werden, daß zwischen Diesseits und Jenseits Kontakte möglich sind. Man denke nur an die Visionen von Propheten, von Mystikern und Mystikerinnen oder an die Erscheinungen Mariens in Lourdes oder Fatima.
Ist es nicht aber oft so, daß eine raffinierte Geschäftemacherei mit der Neugierde der Leute getrieben wird? Ist manchmal nicht auch Geltungssucht und Wichtigtuerei der Hintergrund dieser angeblichen Jenseitskontakte? Tun wir nicht gut daran, uns an die biblische Botschaft zu halten, die uns alles Wichtige mitteilt? *kk*

„Überm Sternenzelt muß ein guter Vater wohnen"

Der taube Künstler Ludwig van Beethoven litt zeitweise unter Schwermut. Seine Musik ist getragen von der Liebe zur Menschheit, dem Willen zur Freiheit und der Sehnsucht nach Gott. In der berühmten 9. Sinfonie erhebt er sich aus einem lähmenden Tief und wird erfüllt von freudvoller Zuversicht. Die Musik mit dem Text aus Friedrich Schillers „Ode an die Freude", am Schluß dieses großen Werkes, unterstreicht die Worte „Brüder, überm Sternenzelt muß ein guter Vater wohnen". Das Gleichnis vom „Verlorenen Sohn" oder, wie es heute oft genannt wird, vom „Barmherzigen Vater" will das Vertrauen zu dem guten Vater wecken. Dieser ist bereit, den sündigen Sohn in die Arme zu schließen und wieder aufzunehmen.
Eine unauflösbare Spannung scheint zwischen dem Bild vom „Barmherzigen Vater" und einem Satz im alten Katechismus, den viele Senioren noch als Schulbuch benutzten, zu bestehen. „Gott ist ein gerechter Richter, der das Gute belohnt und das Böse bestraft", so lautet die angstmachende Aussage. Noch etwas schärfer formuliert es ein Kirchenlied aus dem 17. Jahrhundert: „Dein Gericht schonet nicht, Richter aller

Welten, denn du wirst vergelten." Sind da nicht allzu menschliche Erfahrungen und Erwartungen unkritisch ins Jenseits projiziert worden? Der Apostel Jakobus erinnert mit dem Satz: „Denn das Gericht ist erbarmungslos gegen den, der kein Erbarmen gezeigt hat. Barmherzigkeit aber triumphiert über das Gericht" (Jak 2,13), an die zentrale Rolle der Barmherzigkeit, der christlichen Nächstenliebe.

Auch die Schilderung des letzten Gerichtes beim Evangelisten Matthäus kann Angst auslösen. (vgl. Mt 25,31-46) Dabei – so deuten es moderne Bibelwissenschaftler – geht es dem Evangelisten nicht um eine „Reportage" über die Vorgänge beim Weltgericht, sondern um eine Darstellung des Wesentlichen der Botschaft Jesu. Auf die Liebe, auf die Barmherzigkeit kommt es an: „Denn ich war hungrig, und ihr habt mir zu essen gegeben ... ich war krank, und ihr habt mich besucht ..." (Mt 25,25ff) *kk*

Fegefeuerwünsche

Ein Referent machte seinem Ärger über besonders unangenehme Mitmenschen Luft und sagte dabei: „Wenn ich an gewisse Leute denke, dann hoffe ich wirklich, daß sie, bevor ich ihnen im Jenseits begegne, eine tüchtige Portion Fegefeuer mitmachen."

Er war davon überzeugt, daß dieser „Ort der Läuterung" Menschen umgänglicher mache. Manche Zeitgenossen können sogar mit detailliertem Fegefeuerwissen aufwarten und so genau schildern, wie es dort zugeht, daß man fast versucht wäre, ihnen zu glauben.

Dabei ist der Ausdruck „Feuer" nur bildlich zu verstehen und bedeutet, daß die Begegnung mit Gott auch läuternde, reinigende Kraft hat: eine Kraft, die dem Bedürfnis des Menschen selbst entspricht. *kk*

Hölle ist der Mensch sich selbst

Hölle kann der Mensch sich selbst sein, wenn er wider sein Wesen lebt und sich Gott verweigert. Sprechen wir vom „Höllenfeuer", dann ist damit symbolisch der Schmerz gemeint, den der Mensch empfindet, wenn er Gott verfehlt.
Wieviele sind es, die ihr letztes Ziel, Gott, nicht erreichen? Meine Tante hatte ein schreckliches Bild in ihrer Wohnung hängen. In der Bildmitte war die Erdoberfläche, von der aus ein steiler Steig nach oben zum Himmel führte. Nur wenige waren auf ihm unterwegs, dafür war die breite, fast ebene Straße zur Hölle überfüllt. Eine Darstellung, die durch zwei mißverstandene Schriftworte entstand: „Viele sind berufen, wenige aber auserwählt!" (Mt 22,14) und „Geht durch das enge Tor! Denn das Tor ist weit, das ins Verderben führt, und der Weg dahin ist breit, und viele gehen auf ihm. Aber das Tor, das zum Leben führt, ist eng." (Mt 7,13-14) Diese Sätze wollen keine Information über die Zahl der Geretteten geben, sondern aufrütteln und zur Umkehr aufrufen.
„Da ist die Hölle los", sagen wir, wenn in einer Familie immer wieder heftig gestritten wird. Schade, daß der Volksmund nicht auch das Gegenstück „Da ist der Himmel los" kennt. Gemeint sind damit Menschen, die im Geist der Botschaft Jesu miteinander leben. Vom „Himmel bauen" sprechen wir, wenn sich Christen für Umwelt, Mitmenschen, Gerechtigkeit und Frieden einsetzen. „Himmelfähig" wird ein Mensch, wenn er siebenundsiebzigmal vergeben lernt (vgl. Mt 18,21-22), wenn er also die Worte „Alles was ihr also von anderen erwartet, das tut auch ihnen" (Mt 7,12) im Leben umsetzt.
Der Schriftsteller Martin Gutl schrieb eine wunderschöne Besinnung zu Psalm 126: „Wenn Gott uns heimbringt aus den Tagen der Wanderschaft, das wird ein Fest sein! Ein Fest ohne Ende!" Tiefe Gemeinschaft zwischen Gott, uns und den

Mitmenschen, das macht den Himmel aus. Das Himmelreich ist wie ein königliches Hochzeitsmahl (vgl. Mt 22,1).
Seit dem Zweiten Vatikanischen Konzil hat sich Heilsoptimismus breit gemacht. Das Konzil nährt diesen Optimismus mit seinen Aussagen in der Kirchenkonstitution: „Wer nämlich das Evangelium Christi und seine Kirche ohne Schuld nicht kennt, Gott aber aus ehrlichem Herzen sucht, seinen im Anruf des Gewissens erkannten Willen unter dem Einfluß der Gnade in der Tat zu erfüllen trachtet, kann das ewige Heil erlangen." Die Hoffnung wächst, daß viele Menschen ihr letztes Ziel, Gott, doch erreichen. So sagt der Theologe Gisbert Greshake: „Ich darf hoffen, darf vertrauen, ich darf erwarten, darf es Gott zumuten, daß niemand zur ‚Hölle' wird! Aber ich kann es nicht wissen ..." *kk*

Auf der Suche nach der Wahrheit

Aufgeregt kam eines Tages eine ältere Frau zu mir in die Sprechstunde und wollte Rat: Ihre Enkelin war aus Liebe zu ihrem Mann vom katholischen zum evangelischen Glauben übergetreten, und die verzweifelte Großmutter sorgte sich um ihr Seelenheil und betete täglich um ihre Bekehrung. Ich konnte sie beruhigen, indem ich ihren Blick weitete.
Wer weiß, wie groß die Not älterer Menschen ist, wenn sich nahe Familienangehörige anderen Religionen zuwenden, der versteht, welche Wohltat ein klärendes Gespräch und Informationen über weltanschaulich-religiöse Entwicklungen bedeuten. „Wir sind alle auf der Suche nach der Wahrheit", so soll Papst Johannes XXIII. einmal gesagt haben. Er war es auch, der das Gespräch mit den getrennten Christen und mit den anderen Religionen gefördert hat. In den Konzilsdokumenten finden wir den Niederschlag des neuen Geistes, der damals aufgebrochen ist. „Mit jenen, die durch die Taufe der

Ehre des Christennamens teilhaft sind, den vollen Glauben aber nicht bekennen oder die Einheit der Gemeinschaft unter dem Nachfolger Petri nicht wahren, weiß sich die Kirche aus mehrfachen Gründen verbunden." So hat das Zweite Vatikanische Konzil nicht nur den Blick auf das Gute der jeweils anderen Religionsgemeinschaft geöffnet, sondern dadurch auch die Grundlage für intensive Gespräche miteinander geschaffen.

Zudem hat das Konzil in seiner Erklärung über das Verhältnis der Kirche zu den nichtchristlichen Religionen Positives über Hinduismus und Buddhismus gesagt und darüber hinaus festgehalten: „So sind auch die übrigen in der ganzen Welt verbreiteten Religionen bemüht, der Unruhe des menschlichen Herzens auf verschiedene Weise zu begegnen, indem sie Wege weisen: Lehren und Lebensregeln sowie auch heilige Riten. Die katholische Kirche lehnt nichts von alledem ab, was in diesen Religionen wahr und heilig ist."

Die alte Frau hat den richtigen Glauben. Nach dem Gespräch weiß sie aber, daß Gott auch in den anderen Religionen den Menschen Heil schenkt. *kk*

Humor alle Tage

Wir alle erfahren unser Leben nur dann als lebenswert, wenn im Auf und Ab der Tage die Fröhlichkeit ihren Platz hat. Das Wechselspiel von Lust und Frust, von Freude und Bedrückung, das jedes Menschendasein durchzieht, neigt sich in der dritten Lebensphase zeitweise stark der negativen Seite zu. Wen wundert es, wenn manche älteren Leute Eugen Roth recht geben, der trocken vermerkt: „Des Lebens Wahrheit ist dies: meist fühlen die meisten sich mies." Kritisch weiter ausführt: „Und nur in Reklamen sehn Herrn wir und Damen, beglückt wie im Paradies." Das Reklamelächeln von Stars im Showgeschäft und von Politikern bei der Wahlwerbung hat nichts mit Fröhlichkeit und Freude zu tun. Es ist eher ein hartes Muß.

> DIE WICHTIGSTE ZEIT IST DAS JETZT.
> DER WICHTIGSTE MENSCH IST DER
> NÄCHSTE. DIE WICHTIGSTE TAT IST,
> DEM NÄCHSTEN GUTES ZU TUN.
> Leo Tolstoi

Positiv gemeint ist der trittsichere, handfeste und oft sogar strohtrockene Humor, mit dem ein Mensch auch bei Sturm und Regen vor die Haustür geht und in jeder Situation sein Gleichgewicht behält. Nicht zu Unrecht behauptet William Shakespeare: „Der Heitere ist Meister seiner Seele", denn mit so einer Lebenseinstellung können viele Schwierigkeiten gemeistert werden. Beispiele, wie jemand mit Humor eine ungute Situation bewältigt, gibt es zur Genüge. Warum, so fragt man sich, benützen nicht alle diese Wunderwaffe? Sie ist leider nicht ausleihbar, denn Humor hat mit dem Wesen des einzelnen zu tun. *kk*

Humor ist eine Weltanschauung

Der belastete Ausdruck „Welt-Anschauung" ist hier wörtlich zu verstehen. Wie schauen wir unsere Umwelt an: Mit dem Blick für das Heitere, Schöne, Wohltuende, oder mit Augen, die vor allem die Schattenseiten zu sehen bereit sind? Der Vergleich ist bekannt: zwei Durstige sitzen vor ihrem zur Hälfte ausgetrunkenen Bier. Der Optimist freut sich: „Mein Glas ist noch halb voll!" Der Pessimist jammert: „Mein Glas ist schon halb leer!" *kk*

„Humor hat, wer trotzdem lacht"

Im großen Nachschlagwerk „Duden" ist der Begriff „Humor" folgendermaßen definiert: „Humor ist die heitere Lebenseinstellung, die im Wissen um Schwächen und Brüchigkeit der menschlichen Natur bereit ist, Dasein und Umwelt trotz der Unzulänglichkeiten gütig und lächelnd zu bejahen." Der gesunde Hausverstand hat dafür einen einfachen Satz: „Humor hat, wer trotzdem lacht."
Der Humor hat nicht nur viele Gesichter – von der leisen Ironie über die feine Pointe bis zum kräftigen Witz mit schallendem Gelächter. Humor ist ansteckend. Wir haben es alle schon erlebt, wie eine apathische Stimmung im Reisebus, eine gereizte Atmosphäre bei einer Konferenz oder aggressive Fronten bei einer Verhandlung durch einen guten Witz oder eine pointierte Bemerkung aufgelockert, entschärft und in allgemeine Heiterkeit aufgelöst wurden.
Leute mit Humor sind Gold wert. Und sie bleiben uns unvergessen, die Urfröhlichen, denen wir im Laufe unseres Lebens begegnet sind. Ich denke an einen Mitschüler mit lachendem Gesicht und sonnigem Gemüt, der jeder Tristesse etwas Gutes abzugewinnen verstand.

Manchmal wäre es nicht schlecht, könnte man sich ein wenig von der ursprünglichen Kinderfröhlichkeit in seine älteren Tage hinüberretten. Einer Fröhlichkeit, die gepaart mit Phantasie aus Alltäglichkeiten wahre Quellen heiteren Erlebens schuf. *kk*

Opa kann auf mich zählen

Obwohl Opa ein kleiner Mann ist, ist er in Wirklichkeit so groß wie ein Riese, muß man wissen. Robert weiß das schon lange. Schließlich ist es ja sein eigener, sein ganz persönlicher Opa, von dem hier die Rede ist. „Robert?" – „Wer, ich?" – „Ja du, würdest du uns etwas über deinen Opa erzählen?" Robert macht die Augen zu, um sich seinen Opa ganz genau vorstellen zu können:
Also ... (Robert räuspert sich.) Mein Opa ist der beste Opa von allen überhaupt. Mein Opa ist so groß, daß er über die höchsten Tannen sehen kann. Oft beobachtet er Wetterfronten, und ja, erst gestern sah er sogar ein Tief über Schweden! Ich wette, Opa kann – wenn er will – sogar bis nach Texas sehen, denn niemand kann so gut Indianergeschichten erzählen wie er.
Opa haßt es, wenn Oma ihn kitzelt. Dummerweise scheint aber das ausgerechnet eine von Omas Lieblingsbeschäftigungen zu sein. Also trifft man Opa meistens dort, wo Oma nicht ist. Auf der Bank vor dem Haus oder im Geräteschuppen. Dort tut Opa dann so, als hätte er gerade wahnsinnig viel zu tun. „Bin momentan wahnsinnig beschäftigt!" sagt er oft und zwinkert mir nach Zaubererart zu. Dann zwinkere ich nach Zaubererart zurück, denn ich verstehe.
Weil Opa schon ein Opa ist, braucht er verschiedene Sachen nicht mehr selbst zu erledigen: Auskundschaften oder Anschleichen z.B. Wenn Opa wissen will, wie es um den Amei-

senhaufen oben am Hügel bestellt ist, ob die Arbeit gut voran geht oder was es sonst noch Neues gibt, läßt er mich das machen. Ich bin Opas Lieblingskundschafter, denn ich bin verschwiegen wie ein Maulwurfshügel.
Opa kann mit Steinen reden. Kennt viele sogar ganz persönlich, redet sie mit ihrem Namen an: „Hallo, Udo" – „Tag, Kathrinchen, alles in Ordnung?" – Opa hat viel Respekt vor der Natur. Einmal habe ich gesehen, wie er einer Schnecke den langen Weg über die asphaltierte Straße abnahm. Er trug sie über die Straße und setzte sie auf den weichen Waldboden. Ja, dieser Schnecke hat mein Opa das Leben gerettet. Ohne mit der Wimper zu zucken, ohne Angeberei. Ja, so ist mein Opa.
Opa braucht Hosenträger. „Weil er selbst zu faul ist, seine Hosen zu tragen", sagt Oma, aber sie macht nur Spaß. Opas Hosenträger sind eine Sache für sich. Sie halten nicht irgendwelche Hosen, nein, das wäre zu leicht. Opas Hosenträger halten Opas Windhose. Aber was es mit dieser Windhose auf sich hat, darf ich nicht verraten, denn ich bin – wie gesagt – verschwiegen wie ein Maulwurfshügel. Opa kann auf mich zählen. Und ich auf ihn.   *hf*

Unbeschwerte Fröhlichkeit, wer hätte sie nicht gerne?

Im oft grauen Alltag sind die „sunny boys" und die Frauen mit den lachenden Augen und der fröhlichen Stimme Kristallisationspunkte im Umfeld, in dem wir uns bewegen.

> HERR, SCHENKE MIR SINN FÜR HUMOR!
> Thomas Morus

Es gibt Berufe, für die Humor eine Qualifikationsanforderung sein müßte. Ein humorloser Lehrer, ein humorloser Priester, ein humorloser Arzt sind in ihrer Tätigkeit irgendwo Behinderte. Gerade sie brauchen für ihre Arbeit das Vertrauen und die Zuneigung ihrer Zielpersonen, und die erhält ein Säuerling, ein Pessimist nur selten.

Es gibt viele Leute, die glauben, über religiöse Dinge dürfe man nur feierlich und ernst sprechen. Paulus wünscht, daß die Rede der Christen „allezeit liebenswürdig, mit Salz gewürzt" sei. Dem entsprechen die vielen Anekdoten und Geschichtchen, die man sich über geistliche Würdenträger und Große der Kirche mit liebevollem Schmunzeln erzählt.

Als Papst Johannes XXIII. einmal dem Heilig-Geist-Krankenhaus in Rom einen Besuch abstattete, empfing ihn die Schwester Oberin demutsvoll und stellte sich vor: „Heiliger Vater, ich bin die Oberin vom Heiligen Geist." Der Papst lächelte und erwiderte: „Sie haben Glück, Schwester, ich bin nur der Stellvertreter Christi."

Daß es bei der Verkündigung der Frohbotschaft auch ein bißchen Humor geben kann und darf, bewiesen vor Jahren junge Priesteramtskandidaten, welche zur gefürchteten, ersten Predigtübung antreten mußten. Begabte, weniger Begabte, Ernste und Heitere, sie alle mußten sich der verhaßten Probe unterziehen. Nur ein einziger schaute gelassen seinem Auftritt entgegen, er war der Spaßmacher, der „Clown" unter den Studierenden: Er würde es schon irgendwie drehen, denn, wenn er die Professoren mit den bohrenden Augen und den gespitzten Ohren erst einmal zum Lachen brächte, dann – so glaubte er – hätte er gewonnenes Spiel. Der Tag der Prüfung war gekommen, und gespannt warteten die Kollegen auf die Erstlingsprobe ihres so geschätzten Witzemachers. Schon ging er erhobenen Hauptes zum Rednerpult, alle Augen richteten sich erwartungsvoll auf ihn. Ruhig stand er da, bis die neugierige Schar der Hörer still war. Dann ertönte seine schöne Baritonstimme, und er sprach langsam die bedeutungsschweren Worte: „Fürchtet euch nicht, ich bin es." Minutenlanges schallendes Gelächter! Der zuständige Professor für Rhetorik faßte sich als erster und mahnte zu Ruhe. Die Predigtprobe wurde vertagt, denn an eine ernste Übung war bei diesem Gemütszustand der Studenten nicht mehr zu denken. Eine Woche später sollte der „Clown" noch einmal Gelegenheit bekommen, sein Können unter Beweis zu stellen. Diesmal, so hoffte der Professor, müßte es doch ohne störendes Lachen über die Bühne gehen. Aber die Mitschüler kannten ihren Spaßvogel und wußten, daß er für jede Überraschung gut war. Wieder war die Stunde der Probe gekommen, und gefaßt schritt der Prüfungskandidat nach vorne. Ernst blickte er auf die Schar der Zuhörer. Spannung machte sich breit, der Rhetorikprofessor wurde bereits unruhig, da setzte der schriftkundige Prüfling zu einem neuerlichen Versuch an: „Ich darf meine Ausführungen mit einem Wort der Bibel beginnen: ... und der Hahn krähte zum zweiten Mal." Stürmischer Applaus und herzhaftes Gelächter erfüllten den Raum, und an ein Weitermachen war nicht mehr zu denken.

Wie es genau weiterging, weiß die Geschichte nicht zu erzählen, aber eines ist in der Chronik festgehalten: Der „Clown" wurde ein vom Volk geliebter und überaus geschätzter Prediger, weil er die Frohbotschaft so verkündete, daß die Zuhörer dabei auch ein bißchen lachen konnten. *kk*

„Weil ich immer so gerne gelacht habe"

Sie wurde tatsächlich uralt – Franziska, genannt „Seichlers Zischge" in Obermahren. Ihre häufigen Besuche beim Doktor waren nicht unbedingt notwendig, sie nützte sie vielmehr als eine Gelegenheit zum Plaudern. Die Medikamente, die sie dabei mitnahm, brauchte sie kaum. Als ihr die Dorfprominenz zum hundertsten Geburtstag gratulierte, konnte die Frage natürlich nicht ausbleiben: „Warum, Zischgali, glaubst du, daß du so alt geworden bist?" Und wider Erwarten kam weder der Hinweis auf eine gesunde Lebensweise noch auf ausgeübte Enthaltsamkeit, sondern die Antwort: „Weil i alli a so geara glacht han" (Weil ich immer so gerne gelacht habe). *lo*

„Lachen ist die beste Medizin"

Schon 1872 hat Charles Darwin, der bekannte Naturforscher, von den positiven körperlichen Auswirkungen des Lachens berichtet, und „Lachforscher" unserer Zeit haben – ihn ergänzend – Folgendes herausgefunden: „Beim Lachen wird die Herztätigkeit so angeregt, wie es sonst nur bei sportlicher Betätigung geschieht. Gleichzeitig steigt der Blutdruck, die Verdauungsdrüsen werden stimuliert und die Immunabwehr gesteigert." Weiters wurde festgestellt, daß es beim Lachen im Gehirn zur Ausschüttung eines Hormons kommt, das uns rundum fröhlicher und lustbetonter macht. Aber auch auf der psychisch-geistigen Ebene verändert sich einiges: Plötzlich nimmt man alles nicht mehr so ernst, sich selbst nicht mehr so wichtig und betrachtet die Dinge ein bißchen großzügiger. So haben große Psychiater und Psychotherapeuten wie Sigmund Freud und Viktor E. Frankl nicht von ungefähr von der „Heilkraft des Lachens" beziehungsweise von der „Trotzmacht des Humors" gesprochen und damit der alten Volksweisheit recht gegeben, die besagt: „Lachen ist die beste Medizin." *sh*

Schadensbegrenzung durch Humor

Wer Humor lernen will, muß bereit sein, seine Grundeinstellung zu überprüfen und zu verändern. Dabei geht es um ein neues Verhalten und um Tricks, mit denen man oft über ein

„Stimmungsminus" hinwegkommt. Dies gelingt, wenn man sich darum bemüht, Dinge und Ereignisse in die richtige Relation zu setzen und immer zuerst das Positive zu sehen. Wer es schafft, eine Enttäuschung wegzustecken oder ihr sogar noch eine heitere Seite abgewinnen kann, hat begriffen, worum es geht! *kk*

Heut' hast was versäumt! Der Wind pfeift eisig, der Mond steht hoch am Himmel. Weiberball! Ich geh' tanzen, heut' hau ich auf die Pauke. Mein Kleiderschrank wird durchwühlt, oh Gott, alles zu eng! Hätte ich doch nicht so viele Kekse gegessen! Aber ich tue, was ich kann, um „schön" zu sein. Mein Mann lehnt seine Begleitung gähnend ab: „Der Tauernwind, der wehe Fuß, na ja!" Voller Unternehmungslust mit dem Schlitten bergab gefahren, klopfe ich den Schnee aus meinen Kleidern.

Und dann kommt der aufregende Moment, wo ich meinen Bauch einziehe und mich im hellerleuchteten Saal hoffnungsvoll umsehe. Es ist schön zuzuschauen, wie sich Leute im Tanz drehen. Es ist schön, gute Musik zu hören. Aber, es wäre noch schöner, wenn mich einer zum Tanz bitten würde. Habe ich jetzt „bitten" gesagt? Keiner bräuchte mich zu bitten! Sieht denn niemand, wie im Rhythmus der Musik schon meine Füße zucken? Ach, und wäre jetzt einer auch krumm und grau, her damit! Aber ich muß zugeben, meine ganze Aufmachung mit neuer Spitzenbluse und „Seidenhuder" war für die Katz! Selbst lach' ich ja, aber wenn mein Mann darüber lacht, ist es schlimm! Ich seh' schon sein spöttisches Grinsen! Hat er mir nicht schon beim Fortgehen nachgerufen: „Paß auf, heut' ist's zu kalt für einen Seitensprung!" Ich hab' ihm dafür die Zunge gezeigt. Nein, ich werde ihm nicht erzählen, daß ich keinen bekommen habe! Ich werde meine kalten Füße an seinem Bauch wärmen und sagen: „Mensch, heut' hast du viel versäumt!" *tk*

„Am allervernünftigsten ist es, nicht allzu vernünftig sein zu wollen" (V.E. Frankl) Spaß machen und selbst Spaß haben sind zwei paar Schuhe. Es gibt eine Reihe von Humoristen auf der Bühne, als Autoren oder Karikaturisten, die andere zum Lachen bringen können und selbst an Traurigkeit leiden. So ein Mensch war Karl Valentin. Die humorhungrigen Mitbürger haben ihn heiß verehrt und seine Auftritte mit Applaus und Lachsalven honoriert. Dabei war Karl Valentin, der gesuchte Witzemacher, ein Melancholiker, ein Grübelnder, der unter vielen Ängsten litt. Berge und Flugzeuge mied er aus Todesangst, und mit der Bahn wollte er nur fahren, wenn es gar nicht anders ging. Mit seinem Humor half er den anderen, aber vor allem auch sich selbst. Er ist ein einmaliger Vertreter für all die vielen, die das „Trotzdem-Lachen" als Möglichkeit des Überlebens praktizieren. Dazu hatte er noch die Fähigkeit, in heiterer Weise „Belehrendes" an den Mann zu bringen. Unvergeßlich ist seine Mahnung an die allzu beschäftigten Zeitgenossen: „Heute Abend werde ich mich besuchen, hoffentlich bin ich zu Hause!" Meisterhaft war auch seine „Blödelkunst". Er gibt einem Wort unerwartet einen anderen Sinn, und schon biegen sich die Zuhörer und Zuhörerinnen vor Lachen: „Ja, sag i, ich hab' mich kürzlich ausgezogen und hab' meine Knochen so abgegriffen, und da hab' ich rausgefunden, daß ich fünfzig Knochen hab', und weil ich in jedem Knochen a Mark hab, bin ich fünfzig Mark wert!" *kk*

„... daß Du Dich auf Glück auch verstehst!"

Theodor Fontane schrieb einmal an seinen Sohn: „Mit herzlicher Freude lese ich Deine Briefe, die nicht nur vom Glück sprechen – das will nicht viel sagen, jeder ist mal glücklich –, nein, die mir in jedem Wort auch zeigen, daß Du Dich auf Glück auch verstehst. Und das ist die Hauptsache. Denn wenn ich auch nicht ganz bestreiten will, daß es Pechvögel gibt, so gilt vom Glück im ganzen dasselbe wie vom Geld: es liegt auf der Straße, und der hat's, der's zu finden und aufzuheben versteht, Du hast, wenn mich nicht alles täuscht, von Deinem Alten die Fähigkeit geerbt, Dich in zehn Stunden (um nicht zu sagen Minuten) an zehn Dingen freuen zu können." Heiterkeit ist unmittelbarer Gewinn. „Der Heiterkeit sollen wir, wenn sie sich einstellt, Tür und Tor öffnen, denn sie kommt nie zur unrechten Zeit. Heiterkeit ist unmittelbarer Gewinn." So schrieb einmal der sonst so pessimistische Philosoph Arthur Schopenhauer. Und weil Tür und Tor durch „böse Mitmenschen" und unsere eigenen Launen immer wieder zuzuschnappen drohen, müssen sie immer aufs Neue mit kräftiger Hand aufgestoßen werden, unserer Umwelt und uns selbst zuliebe. *kk*

Autorinnen und Autoren

Silvia Hohenauer, Geschichts- und Geographiestudium, Dipl.-Bibl.; langjährige Leiterin der Tiroler Landesjugendbücherei, in der Ausbildung von Bibliothekaren und in der Erwachsenenbildung tätig; Leitung von Seniorenliteraturgesprächen; Veröffentlichungen.

Dr. Konrad Köhl, geb. 1932; Priesterweihe 1957; Promotion 1964 in Pastoraltheologie; Direktor der Cusanus-Akademie in Brixen von 1973 bis 1994; Referent für Altenseelsorge und in der Seniorenbildung; Veröffentlichungen in verschiedenen Zeitschriften.

Prof. Louis Oberwalder, geb. 1922; Studium der Geschichte und Geographie; Lehrtätigkeit, Direktor des Bundesinstituts für Erwachsenenbildung in Strobel, Volksbildungsreferent für Tirol bis 1987; tätig in der Seniorenbildung; verschiedene Veröffentlichungen.

Dr. Christine Baumgartner, Ausbildung zur Kinderkrankenschwester, tätig in der Vorsorgemedizin; Studium der Psychologie in Innsbruck, Ausbildung in Familienberatung und Psychotherapie; tätig als Referentin in der Erwachsenen- und Seniorenbildung; Veröffentlichungen.

Mag. Martin Ellemunt, geb. 1963; Religionslehrer, Mitarbeiter in der Weiterbildung und Altenbildung.

Hubert Flattinger, 1960 in Innsbruck geb.; u.a. Höhere Grafische Bundesversuchs- und Lehranstalt in Wien; seit 1993 verantwortlicher Redakteur der Kinderseite in der Tiroler Tageszeitung.

DDr. Walter Geir, allg.beeid.ger. Sachverständiger für Homöopathie, psychosomatische Medizin; Chiropraktiker.

Theresia Köll, Altbäuerin auf dem Kerschbaumerhof in Matrei i.O.; mehrere Veröffentlichungen.

Judith Sitzmann, Studentin aus Bruneck.

> Helmut Tribus
> DER LACHENDE KIRCHTURM
> Illustrationen von Peppi Tischler
>
> Tyrolia

(80 Seiten mit zahlreichen Karikaturen, 20,5 x 12,5 cm, Broschur, ISBN 3-7022-2002-X)

„In 62 Gedichten nimmt der Autor in seinen humorvollen Versen die Kirche als Gemeinschaft von Menschen mit all ihren Fehlern und Unzulänglichkeiten aufs Korn ... Helmut Tribus vertritt in seinen kritischen, konstruktiven und amüsanten Versen eine Position der Toleranz und des Verständnisses untereinander und bietet Neuansätze zu einer liebe- und verständnisvollen Betrachtungsweise für Menschen, die der Kirche freundlich, aber auch distanziert gegenüberstehen. 20 witzig-humorvolle Karikaturen des Südtirolers Peppi Tischler ergänzen den Band."

Oberbayrisches Volksblatt

Tyrolia-Verlag • Innsbruck-Wien

> Helmut Tribus
> # DENN ALLE WELT IST GOTTES ZOO
> Illustrationen von
> Peppi Tischler
>
> Tyrolia

(72 Seiten mit zahlreichen Karikaturen, 20,5 x 12,5 cm, Broschur, ISBN 3-7022-2024-0)

Helmut Tribus – wieder unterstützt durch die treffenden Bilder von Peppi Tischler – legt hier einen weiteren Band mit humorvollen und hintergründigen Gedichten vor. Diesmal nimmt er das Alltagsleben der Menschen in den Blick. Er berichtet von „Großen Tieren und kleinen Fischen", von „Beutegeiern und komischen Käuzen" sowie von „Pechvögeln und kessen Bienen". Er deckt auf, ohne zu verletzen, er weist auf Fehlverhalten hin, ohne mit dem Zeigefinger zu drohen, und er ermuntert, ohne zu moralisieren. Nicht zuletzt die anregenden und gekonnten Karikaturen Peppi Tischlers machen dieses Büchlein zu einer amüsanten Lektüre und zu einem gerngesehenen Geschenkbuch.

Tyrolia-Verlag • Innsbruck-Wien

> **Karin E. Leiter**
>
> **Ach wie gut, daß jemand weiß ...**
>
> Trauerbegleitung mit Märchen
>
> Tyrolia

(152 Seiten mit 12 SW-Illustrationen, 20,5 x 12,5 cm, Broschur, ISBN 3-7022-2032-1)

Märchen sind Weisheitsgeschichten, an deren Vielfalt von Bildern man sich orientieren kann und Lösung für Lebensprobleme findet. Karin Leiter hat eine Fülle von Geschichten im Erzählgut der Menschheit gefunden, die bildhaft zeigen und verständlich machen, was Trauer und Schmerz bedeuten können, was sie bewirken und wie man aus der Wirkung ihrer Bilder heraus Hilfe leisten, verstehen und begleiten kann.Anhand ihrer einfühlsamen Texte zeigt sie Wege heraus aus der Sprach- und Hilflosigkeit in der Begleitung trauernder Menschen. Das Buch ist eine Lebenskunde der besonderen Art.

Tyrolia-Verlag • Innsbruck-Wien

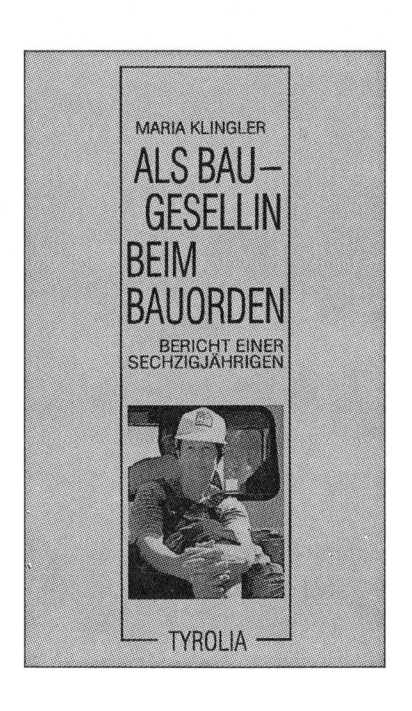

> MARIA KLINGLER
> ALS BAU-
> GESELLIN
> BEIM
> BAUORDEN
> BERICHT EINER
> SECHZIGJÄHRIGEN
>
> TYROLIA

(100 Seiten, 20,5 x 12,5 cm, Broschur, ISBN 3-7022-1888-2)

„‚‚Reisen von Mensch zu Mensch' ist die Devise der junggebliebenen Sechzigjährigen, die in diesem Buch von ihrem Einsatz im Rahmen des Internationalen Bauordens humorvoll und begeisternd erzählt. Frauen und Männer – vor allem Jugendliche – aus vielen Nationen treffen sich weltweit zum freiwilligen Baueinsatz im Dienst am Nächsten und erleben dabei einen besonders wirksamen Weg der Verständigung unter den Völkern. Maria Klingler will auch älteren Menschen Hoffnung machen und sie ermutigen, sich wieder mehr zuzutrauen, insbesondere in der Begegnung mit ihren Mitmenschen."

Tiroler Bauernzeitung

Tyrolia-Verlag • Innsbruck-Wien